VERENA HAHN-OBERTHALER · GERHARD OBERMÜLLER

100 JAHRE
REGIERUNGSGEBÄUDE
EIN HAUS UND SEINE GESCHICHTE

———

CENTENNIAL OF THE
GOVERNMENT BUILDING
A SITE AND ITS HISTORY

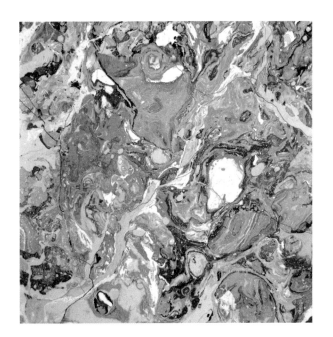

HERAUSGEGEBEN VON DER
EDITED BY THE

BURGHAUPTMANNSCHAFT
ÖSTERREICH

MMXIII

Blick in den Marmorsaal
Looking into the Marble Hall

INHALT

CONTENTS

VORWORT

FOREWORD

Ein Haus ist mehr als umbauter Raum. Es wird von Menschen errichtet und ganz wesentlich von deren Ideen und Visionen geprägt. Dies beginnt schon bei der Wahl der Lage des Gebäudes und setzt sich fort in Planung und Errichtung. Auch spiegeln historische Objekte das gesellschaftliche Umfeld und die Zeit, in der sie erbaut wurden. Sie sind Zeuge von Geschichte und zugleich kulturelles Erbe eines ganzen Landes.

Durch seine Architektur und Geschichte übt das Regierungsgebäude am Stubenring einen besonderen Reiz auf die Menschen aus. Auch wenn die Ansprüche von damals mit jenen von

A building is more than just an enclosed space. It is erected by human beings and significantly shaped by their ideas and visions. This begins with the choice of location and continues with planning and construction of the building. Furthermore, historical sites mirror the social environment and the period in which they were built. They are witnesses to the history as well as the cultural heritage of an entire country.

Owing to both its architecture and history, the Government Building on the Stubenring has always exerted a special fascination. Although it is not possible to compare the requirements of the past with those of the present, this Government

heute nicht zu vergleichen sind, eignet sich das Regierungsgebäude dennoch hervorragend als modernes Bürohaus. Die Kunst liegt darin, die historisch gewachsene Bausubstanz behutsam und fachgerecht mit den Ansprüchen zeitgemäßer Nutzung in Dialog zu bringen. Wird dabei die historische Funktion des Hauses gewürdigt, übt das Gebäude auf die darin arbeitenden Menschen und Besucher eine positive Wirkung aus.

Dieses Buch zeichnet nun die Geschichte des Regierungegebäudes durch ein ganzes Jahrhundert nach. Es ist baulich gesehen eine Geschichte von Errichtung und Zerstörung, Wiederaufbau sowie umfangreicher und behutsamer Sanierung. Darüber hinaus ist es aber auch die Geschichte von militärischen und zivilen Entscheidungen, die in diesem Haus gefällt wurden und die wesentlich für die Geschichte Österreichs waren und sind.

Building nevertheless is eminently suitable as a modern office building. It is of key importance to employ subtle yet expert means of engaging the building's historical development in dialogue with the demands of present-day use. If this approach pays tribute to the historical function of the site, it will exert a positive influence on the people working in or visiting the building.

The present book traces the one hundred years of the history of this Government Building. In building terms it is a history of construction, destruction and reconstruction as well as of extensive and careful refurbishment. Moreover, it is an account of the military and civil decisions taken in this building, which were and are of great significance to Austrian history

ENTSTANDEN IN DER VERGANGENHEIT,
GENUTZT IN DER GEGENWART,
ERHALTEN FÜR DIE ZUKUNFT.

CREATED IN THE PAST.
USED IN THE PRESENT.
PRESERVED FOR THE FUTURE.

Burghauptmann
Reinhold Sahl
Castellan

EIN HAUS
UND SEINE GESCHICHTE

A SITE
AND ITS HISTORY

Ein Gebäude verliert wenige Jahre nach seiner Errichtung seine ursprüngliche Funktion – doch bleibt es erhalten und mit ihm eine Bausubstanz und eine Infrastruktur, die bis heute Gestaltungsraum für zeitgemäße Adaption und Nutzung eröffnet.

Der Ursprung des Hauses und die Intentionen seiner Erbauer verführen zu geschichtsphilosophischen Betrachtungen, denn kein Gebäude der österreichischen Geschichte hat so früh seine Funktion verloren wie das ehemalige Reichskriegsministerialgebäude. Bizarr mutet der getätigte Aufwand an, wenn man bedenkt, dass das monumental und technisch auf dem neuesten Stand errichtete Haus nur zwischen 1913 und 1918 seinem Zweck entsprechend genutzt wird – und bald danach, gleichsam wie aus seiner eigenen Geschichte gefallen, ganz anderen Zwecken zugeführt wird. Dem zeitgenössischen Betrachter wird in den Anfangsjahren der Ersten Republik gerade auf den leeren Fluren dieses riesigen Verwaltungsgebäudes das unwiderrufliche Ende der k.u.k. Monarchie zu Bewusstsein gekommen sein.

Heute der Sitz von gleich vier Ministerien und eines der größten öffentli-

Only a few years after its construction, this building was deprived of its original function. However, it remained intact, as did the original fabric and its infrastructure, which opened up room for contemporary adaptation and use.

The origin of the building and the intention of its builder elicit reflections on the philosophy of history, since no building in the history of Austria was forced to abandon its function as soon after its completion as the former Imperial War Ministry. The time and money spent on the construction of this building appears almost bizarre if we bear in mind that the gigantic proportions and the technology of its structure were based on the state of the art at its time, while the completed building was used according to its original purpose only between 1913 and 1918. Soon afterwards, as if the building had abandoned its own history, it served entirely different purposes. In the initial years of the First Republic the empty corridors of this huge administrative complex probably reminded contemporary visitors of the irrevocable end of the Imperial and Royal Monarchy.

Nowadays this same building is the headquarters of four ministries and

chen Gebäude der Bundeshauptstadt Wien, lässt das sogenannte „Regierungsgebäude am Stubenring 1", wie es seit 1952 genannt wird, seine militärischen Ursprünge nur mehr dem aufmerksamen Betrachter erkennen. Militärische Symbolik durchzieht die Fassade des imposanten Bauwerkes. So sind etwa bei den Parterrefenstern im Sockelgeschoß die Schlusssteine als Soldatenköpfe gestaltet und auch im zweiten Stock bestehen die Fensterschlusssteine aus Kriegerbüsten. In Gestaltungselementen dieser Art

one of the largest public buildings of the federal capital of Vienna. The so-called 'Government Building at Stubenring 1', as it has been officially named since 1952, reveals its military origin only to very attentive observers. Military symbolism runs like a leitmotif along the façade of the imposing complex. For instance, the keystones above the windows of the elevated ground floor are sculpted heads of soldiers, while the keystones of the second-floor windows show busts of warriors. Design elements of this kind express the original architectural

Blick auf die Fassade des Regierungsgebäudes am Stubenring mit Brunnenadler.

Façade of the Government Building on Stubenring and an eagle atop the fountain.

kommt die ursprüngliche Architektur-Ideologie des Gebäudes zum Ausdruck, war es doch das zentrale Verwaltungsgebäude der Heeresleitung in der ausgehenden Monarchie.

Der heutige Besucher des Viertels am Stubenring ahnt nicht mehr, dass sich an diesem wohl geordneten städtebaulichen Areal im ersten Jahrzehnt des 20. Jahrhunderts hektische Bautätigkeit entfaltete. Innerhalb weniger Jahre wird hier der Schlussteil der monumentalen Prachtstraße, der Wiener Ringstraße, vollendet. Erst wenige Jahre zuvor war auf diesem Gelände die Franz-Joseph-Kaserne abgerissen worden. Die alte „Defensionskaserne" war ein Relikt aus der Zeit nach der Revolution von 1848, als sie als ein Verteidigungs-Bollwerk gegen aufbegehrende Arbeiter und unzufriedene Bürger gedacht war. An seine Stelle rückt bald das Reichskriegsministerium. Auch an diesem Punkt verdichten sich in diesem Gebäude und seinem Bauplatz historische Epochen, die unterschiedlicher nicht sein könnten. An einem Ort, an dem man sich einst gegen die demokratischen Kräfte der Gesellschaft wappnete und an dem die Militär-Bürokratie eines Riesenreiches seinen späten Triumph feierte, findet seit 1918 mit wenigen Jahren der Unterbrechung politische Arbeit für die Bürger unseres Landes statt. Als ein Gebäude von imposanter Architektur, lädt das heutige Regierungsgebäude

ideology of the building, as it was the administrative headquarters of the army command in the late years of the monarchy.

Today's visitor to the Stubenring area probably has no idea of the hectic construction activity which engulfed this well-ordered urban zone in the first decade of the 20th century. It was the last section of a monumental project, the Ringstrasse boulevard, and was completed within the relatively brief construction period of a few years. Not many years before, this area had housed the Francis Joseph Barracks, which in the meanwhile had been dismantled. Built as a bulwark against revolting workers and dissatisfied citizens on the fringes of the inner city area, these fortified barracks had become relics of the period following the revolution of 1848. Soon they were to be replaced by the Imperial War Ministry. The building and its site now occupy a place of Austrian history where highly diverse epochs converge. Originally a place where a huge empire steeled itself against the democratic forces of society, and where its military bureaucracy triumphed one last time, it has been, with a few years' exception, a policy-making centre for the well-being of Austrian citizens since 1918. An imposing architectural feat, today's Government Building invites visitors to read its past as well as to better know and understand its current use.

seine Besucher dazu ein, seine Vergangenheit zu lesen und seine gegenwärtige Nutzung noch besser kennenzulernen und zu verstehen.

Dazu will das vorliegende Buch zu „100 Jahre Regierungsgebäude am Stubenring" beitragen.

The present book on the Centennial of the Government Building on Stubenring is meant to contribute to this understanding.

Dieser Blick gibt einen Eindruck von der enormen Ausdehnung des Regierungsgebäudes.

This view gives an impression of the enormous size of the Government Building.

I.

BAUEN FÜR DEN KRIEG
BUILDING FOR WAR
(1901–1918)

VORGESCHICHTE:
VON DER INNENSTADT AN DEN RING

HISTORICAL BACKGROUND:
FROM VIENNA'S INNER CITY
TO THE RINGSTRASSE

Das Zeitalter des Imperialismus befindet sich um 1900 an seinem Höhepunkt. Die europäischen Großmächte beeindrucken durch markante Kriegsministerien, die sich auch baulich imposant im Straßenbild hervorheben – so etwa die Gebäudefront des preußischen Kriegsministeriums in der Berliner Leipziger Straße oder, besonders eindrucksvoll, das mächtige Gebäude des britischen War Office in London.

Fast beschaulich hingegen wirkt das alte Kriegsministerium in der Inneren Stadt von Wien, das um 1900 längst an die Grenzen seiner räumlichen Kapazitäten gelangt war. Die Hälfte seiner Abteilungen war zu diesem Zeitpunkt längst in Privathäusern und Kasernen untergebracht – der Ruf seitens der Heeresverwaltung nach einem größeren Zentralgebäude und damit administrativen Erleichterungen wurde immer lauter. Zudem bildete das bisherige Gebäude auch ein Hindernis in der Entwicklung der Inneren Stadt und wurde folgerichtig auch 1912, unmittelbar nach der Übersiedlung des Kriegsministeriums in das neue Haus am Stuben-

Around 1900, the era of Imperialism reached its zenith. The Great Powers of Europe tried to impress each other by constructing dramatically imposing buildings to house their respective ministries of war – buildings which were to define the streetscapes of capital cities, e.g. the Prussian Ministry of War in the Leipziger Strasse of Berlin, or the particularly impressive British War Office in London.

The original War Ministry in the city centre of Vienna seemed almost contemplative in contrast and, by c. 1900, had long reached the limits of its capacity. At this point in time, half of its departments had already been relocated to private buildings and barracks. Voices in the Army Administration calling for a larger central building, and thus for greater ease in administrative processes, became increasingly louder. Moreover, the original building was an obstacle to the development of the city centre. Hence its demolition in 1912 was the logical consequence, once relocation of the War Ministry to the new building at Stubenring 1 was completed. Only the myth surrounding General Radetzky continued

Die Kirche „Am Hof" im 1. Wiener Bezirk und das alte Kriegsministerium mit dem Radetzky-Denkmal um 1890. Schon bald wird der eherne Reiter an den Stubenring übersiedeln.

The Kirche Am Hof (Church at the Square Am Hof) in the first district of Vienna and the original War Ministry with the Radetzky Monument in front, c. 1890. Soon thereafter the bronze horseman will be transferred to Stubenring.

ring 1, abgerissen. Einzig der Radetzky-Mythos wird auch am neuen Standort beschworen – das Denkmal, seit 1892 prominent vor dem Reichskriegsministerium „Am Hof" aufgestellt, findet im Jahr 1912 vor dem neuen Gebäude seinen ebenso prominenten Platz.

to be summoned: his monument, prominently placed in front of the original War Ministry on the Square Am Hof, was moved to its new location in 1912 and positioned no less prominently in front of the building.

RÜCKKEHR DES MILITÄRS AN DEN RING

Die Verbauung des Stubenviertels fällt in die letzte Periode der Stadterweiterung und bedeutet die Vollendung der Ringstraße. Im Zuge der sogenannten „Kasernentransaktion" wird hier jener Platz geschaffen, der eine Umgestaltung des Stubenviertels erlaubt. Doch noch nimmt Ende des 19. Jahrhunderts die sogenannte „Franz-Joseph-Kaserne" den größten Raum ein. Diese Kaserne und das Exerzierfeld belegen wertvollen, zentral gelegenen Bau-

THE ARMY'S RETURN TO THE RING

Development of the Stubenviertel area took place in the last years of that period of urban expansion and marked the completion of Ringstrasse. The so-called Kasernentransaktion, or 'barracks transaction' (i.e. the transition of army barracks from central locations within the city to the outskirts of Vienna), created the space needed for redesigning the entire area. However, towards the end of the 19th century, the Francis Joseph Barracks still occupied a prime location close to the

Die imposante Franz-Joseph-Kaserne mit dem Franz-Joseph-Tor in der Mitte. Davor das weitläufige Exerzierfeld, das eine potentielle Baufläche für die spätere Vollendung der Ringstraße am Stubenring darstellt.

grund. Als eine „Defensionskaserne" war das mächtige Bauwerk einst zwischen 1854 und 1857, also wenige Jahre vor dem Beginn des Ringstraßenprojektes, als eine Festung zum Schutz der Wiener Innenstadt vor Aufständen errichtet worden. In den 1890er Jahren legt es allerdings das Wachstum der Stadt Wien nahe, militärische Kasernen aus den begehrten Innenstadtlagen in weiter entlegene Außenbezirke zu verlegen. In einem

centre of Vienna and – with its training grounds – took up valuable land. The huge complex had originally been built between 1854 and 1857, i.e. only a few years before work on the Ringstrasse boulevard was begun. Its fortified barracks (Defensionkaserne) were meant to protect the inner city from e.g. attacks and revolts of workers who lived in the suburbs. In the 1890s, however, Vienna's growth momentum suggested that army

The imposing Francis Joseph Barracks, in the centre the Francis Joseph Gate and in front the extensive exercise grounds; this was a development zone for later completion of the Stubenring area of the Ringstrasse.

Gesetz vom 10. Juni 1891 wird diese städtebauliche Transaktion genau geregelt. Die k.u.k. Heeresverwaltung lukriert den Erlös aus diesen Kasernenauflösungen, die Mittel fließen in einen Fonds zur Ersatzbeschaffung und werden für Kasernenneubauten vorgehalten. So wird auch ein Teil der Baukosten für das neue Kriegsministerium aus diesem Fonds bestritten. Im Stubenviertel werden durch das Schleifen der Franz-Joseph-Kaserne gut 58.000 m² Baugrund für die Vollendung der Ringstraße frei. Auch nach dem Abbruch der Kaserne hält das Heer am Stubenring in anderer Form weiter seine Stellung, denn ein Großteil der neuen Fläche wird durch das Kriegsministerium verbaut.

VOM EXERZIERFELD ZUR URBANEN PRACHTZONE

Das Gelände der Franz-Joseph-Kaserne (fertiggestellt 1857) birgt wertvolle Baufläche für die Vollendung der Ringstraße. Wo einst Kadetten exerzierten, entsteht nach 1900 der Bauplatz für die Postsparkasse, den Georg-Coch-Platz und für das neue Kriegsministerialgebäude. Doch hat es der geschichtsträchtige Boden in sich, wie Bauleiter Josef Edler von Ceipek in seinen Erinnerungen schreibt. Denn ursprünglich befand sich an Stelle des späteren Bauplatzes eine Schuttablagerungsstätte, ein sogenannter Schindanger. Zuvor, noch vor dem Bau der

barracks should be removed from their coveted central locations to more distant districts on the outskirts of the city. Legislation passed on 10 June 1891 regulated the details for this urban reorganisation. Revenue from abandoning the barracks was assigned to the Imperial and Royal Army Administration, which pooled the money in a replacement fund for the erection of new barracks. Hence part of the building costs of the new War Ministry was paid from this fund. The razing of the Francis Joseph Barracks provided a good 58,000m² of land for completing the Ringstrasse in the Stubenviertel area. But even after the demolition of the barracks, the army continued to hold its position on Stubenring, although in a different form, as a large portion of the newly released land was dedicated to the construction of the War Ministry.

FROM EXERCISE GROUNDS TO URBAN POMP

The site of the Francis Joseph Barracks (completed in 1857) provided valuable land for the completion of the Ringstrasse expansion project. In the years following the turn of the century, construction began where cadets had once exercised, and the Postsparkasse (Postal Savings Bank), a new square – Georg-Coch-Platz – and the new War Ministry were built. However, this historic ground was not without pitfalls, as Site Manager Josef Edler von Ceipek wrote in his memoirs. The construction site had originally been a

Ein Stück wilde Natur in der Stadt. Blick auf den Sporn zwischen Wienflussmündung und Donaukanal gegen Aspernbrücke und die Franz Joseph-Kaserne nach der Hochwasserkatastrophe im Wiental, Mai 1899. Der 1901 vollendete Abriss der Franz-Joseph-Kaserne ist Voraussetzung für die Umgestaltung des riesigen Areals. Die Ringstraße wird verlegt, der Wienfluss reguliert und es entsteht der Bauplatz für die beiden markanten Abschlussgebäude des Rings, das Postsparkassengebäude (1908) und das Kriegsministerium (1913), die nun einander am Stubenring gegenüber stehen. Der Masterplan für diese urbane Gestaltung stammt von Otto Wagner.

————

A piece of untamed nature in the city. View of the peninsula between the mouth of the Wien River and the Danube Canal towards Aspern Bridge and Francis Joseph Barracks following the flood disaster in the Wiental Valley of May 1899. Completed in 1901, the dismantling of the Francis Joseph Barracks paved the ground for redesigning this huge area. Work began on laying the pavement of the final portion of Ringstrasse, on regulating the Wien River and creating space for the erection of the two prominent buildings of this end of the Ringstrasse boulevard: the Postsparkasse (1908) and the War Ministry (1913) opposite each other on Stubenring. The master plan for this urban design is by Otto Wagner.

k. u. k. Hof- u. Univ.-Buchhandlung   R. LECHNER   (WILH. MÜLLER)   k. u. k. Hof-Manufactur für Photographie

3r Graben   WIEN.   Graben 31

Franz-Joseph-Kaserne, verlief während der Choleraepidemie von 1831/32 der sogenannte Cholerakanal durch diesen Platz. Den tragfähigen Grund zu sondieren und bis zum soliden Schottergrund vorzudringen, stellte eine besondere Herausforderung während der Fundierungsarbeiten für das Kriegsministerium dar.

rubbish dump or knacker's yard. During the cholera epidemic of 1831/32, i.e. long before construction of the Francis Joseph Barracks, the so-called 'cholera sewer' ran through this site. A special challenge during work on the foundations of the War Ministry was to explore load-bearing ground conditions and get down to solid ballast layers.

Das neue Kriegsministerialgebäude.

Mit dem Gesetze vom 10. Juni 1891 wurde die Transigierung einer Anzahl militärischer Bauobjekte in Wien verfügt und damit dem Andrang eines großen Teiles der Wiener Bevölkerung nach Hinausverlegung der Kasernen gegen die Peripherie der Stadt Rechnung getragen. Durch den Verkauf dieser Objekte bezw. deren Gründe waren die Geldmittel zur Bedeckung der Kosten der Ersatzbauten zu beschaffen.

Zur praktischen Durchführung dieses Gesetzes wurde eine Transaktionskommission bestellt, die aus Vertretern der beteiligten Ministerien und des Kriegsministeriums gebildet war. Letzterer hatte auf Erzeugung des damaligen Finanzministers Freiherr von Plener sich bereit erklärt für die notwendigerweise zuerst herzustellenden Ersatzbauten die erforderlichen Geldsummen gegen 4·5 %igen Verzinsung vorzustrecken.

Als nach Fertigstellung der ersten Gruppen der Ersatzbauten der Verk... ...Kasernengründe nach ... ...inzo vor sich ginge und ...ung beim Kriegsministeriu... ...nahm, legte ich als ... ...tion dem Kriegsmini... ...eingehenden Bericht über ... und beantragte, daß ... ...standen franz Topf... ...bauten, darunter ... ...für das Handelsmini... ...kinstitute und ... ... selbst verkauft ... ...ging ich von der Anschauung aus, daß auf diesem Wege am ehesten größere Geldsummen beim Gründekauf hereingebracht und zur Schuldentilgung beim Kriegsministeriumsfond verwendet werden könnten. Weiters meinte ich auch, daß

DER GENERAL
UND SEIN ARCHITEKT

THE GENERAL
AND HIS ARCHITECT

Zwei Männer stehen für die bau-
liche Realisierung des Kriegsministeriums. Ihre Namen sind bis heute
auf einer Ehrentafel im Foyer des Regierungsgebäudes präsent – Burgbau-
Architekt Hofrat Ludwig Baumann und
Militärbauingenieur Feldmarschallleutnant Josef Edler von Ceipek. Bauleiter
von Ceipek war schon früh mit seiner
Initiative für den Neubau des Kriegsministeriums hervorgetreten, hatte eine
interne Vorkonkurrenz innerhalb der
eigenen Reihen der Militärbauingeni-
eure abgehalten und war schließlich
Vorsitzender der Jury des allgemeinen
Architektur-Wettbewerbs von 1907,
dem seine Gedanken zum Bauvorhaben unter dem Titel „Genereller Entwurf zu einem Neubau für das Kriegsministerium" zugrunde lagen.

DER ARCHITEKT
DES THRONFOLGERS

Im Jahr 1853 in Seibersdorf in Öster-
reichisch-Schlesien geboren, absolviert
Ludwig Baumann zwischen 1871 und
1875 die Bauschule am Polytechnikum
Zürich unter dem legendären Gottfried Semper. Erste berufliche Spo-
ren verdient er sich als Architekt der

*Two men stand for the structural im-
plementation of the War Ministry.
Their names can be found on the plaque
of honour in the lobby of the Government Building: Hofburg Architect Hofrat
Ludwig Baumann and Military Construction Engineer Lieutenant Field Marshall Josef Edler von Ceipek. Von Ceipek,
the Site Manager, was an early proponent
of the construction of a new War Ministry
building. He organised a preliminary 'in-
house' competition among military construction engineers and later chaired the
jury of the public design competition of
1907, which called for proposals concerning a 'General draft for the construction
of a new War Ministry', based on Ceipek's
own ideas for the building project.*

THE ARCHITECT OF THE
HEIR TO THE THRONE

*Ludwig Baumann was born in Seibers-
dorf (Austria-Silesia) in 1853. From
1871 until 1875, he attended the Building School of the Polytechnic College in
Zurich, Switzerland, where the famous
architect Gottfried Semper was his teach-
er. He gained his first recognition as an
architect during his employment with a
brick-work and construction company*

Wienerberger Ziegelfabriks- und Baugesellschaft und kommt in dieser Zeit das erste Mal in Berührung mit dem Stubenring, wo er unter Architekt Freiherr von Ferstel an der Ausgestaltung der k.k. Kunstgewerbeschule mitwirkt. Beruflich prägende Jahre verbringt er zwischen 1879 und 1886 beim bekannten Architekten Viktor Rumpelmeyer.

1896 wird Baumann im Alter von 43 Jahren selbstständiger Architekt in Wien. Zu seinen ersten Herausforderungen wird die Ausarbeitung des Wettbewerbes für den Generalregulierungsplan für das gesamte Stadtgebiet von Wien im Jahr 1889. Im selben Jahr wird er zum K.k. Baurat ernannt und führt den Bau des Urania-Theaters, unweit des späteren Kriegsministeriums, aus. Um die Jahrhundertwende schlägt die

(Wienerberger), and it was at this time that he first encountered the area of the Stubenring, where under Architect Freiherr von Ferstel he worked on some of the design elements of the Imperial and Royal College of Applied Arts located there. The years Baumann spent working with the well-known architect Viktor Rumpelmeyer between 1879 and 1886 were years of significant professional development.

In 1896, at age 43, Ludwig Baumann became a free-lance architect based in Vienna. One of his first major challenges was the preparation of details for a competition in 1889 calling for an urban master plan for the entire city of Vienna. In the same year the title k.u.k. Baurat – or 'Imperial and Royal Building Councillor' – was conferred upon him and he became the architect entrusted with erecting the Ura-

Oben links:
Architekt Ludwig Baumann (1853–1936)

Oben rechts:
Bauleiter Feldmarschallleutnant Josef Edler von Ceipek (1844–1940)

Top left:
Architect Ludwig Baumann (1853–1936)

Top right:
Site Manager Lieutenant Field Marshall Josef Edler von Ceipek (1844–1940)

große Stunde Baumanns als Weltausstel-
lungs-Architekt. So verantwortet er etwa
das österreichische Repräsentationshaus
auf der Pariser Weltausstellung im Jahr
1900. Ab 1905 wird Baumann zu einem
der maßgeblichen Architekten am Stubenring, so beim Bau der Handels- und
Gewerbekammer (1906) sowie beim
Neubau des Museums für Kunst und
Industrie (1908), heute MAK. Im Jahr
1908 avanciert Ludwig Baumann zum
„Bauleiter Sr. Majestät Hofburgbau".
Einen besonderen Triumph bedeutet
schließlich der Bau des K.u.k. Kriegsministeriums. Seine persönliche Nähe
zu Thronfolger Erzherzog Ferdinand,
der alles „sezessionistische" strikt ab-
lehnte, und die Orientierung an dessen
neo-barockem Geschmack machten den
Entwurf „Maria Theresia" zum Sieger.

_nia Theatre close to the site where the War
Ministry would later be built. Baumann's
great moment came with the turn of the
century when he was appointed the official architect for the World's Fair. He was
responsible for the design of the Austrian
pavilion at the World's Fair in Paris in
1900. From 1905 onward, Baumann became one of the major architects to define
the look of Stubenring: he designed the
Chamber of Trade and Industry (1906)
as well as the new Museum for Art and
Industry (1908), today's Museum of Applied Arts or MAK. In 1908, Ludwig
Baumann was promoted to the rank of
'Site Engineer for His Majesty's Hofburg
Construction Project,' i.e. the extension of
the Hofburg (Imperial Residence). Baumann's career culminated in the special
triumph of being awarded the contract for_

Wien, im December 1901.

BAULEITER FELDMARSCHALLLEUTNANT JOSEF EDLER VON CEIPEK

Für ihn wird der Bau des Kriegsministeriums zur letzten beruflichen Herausforderung. Im reifen Alter von dreiundsechzig Jahren schultert Feldmarschallleutnant Josef Edler von Ceipek (1844–1940) als Bauleiter das gewaltige Bauvorhaben am Stubenring. „Der Bauleiter ad personam wurde im Wege des Ministerstellvertreters dem Kriegsminister direkt unterstellt und zu allen Entscheidungen in bautechnischen und künstlerischen Angelegenheiten ermächtigt, ihm also jene völlige Dispositionsfreiheit gegeben, die zu einer raschen und gedeihlichen Durchführung des Kolossalbaues wohl

the construction of the Imperial and Royal War Ministry. A personal acquaintance of Archduke Ferdinand, the heir presumptive to the throne of the Dual Monarchy, Ludwig Baumann knew how to meet the Archduke's neo-Baroque taste, which was also directed against the Vienna Secession movement: his design for the War Ministry entitled 'Maria Theresa' won the competition.

SITE MANAGER LIEUTENANT FIELD MARSHALL JOSEF EDLER VON CEIPEK

To von Ceipek, the construction of the War Ministry building was to become the last challenge in his professional career. At the advanced age of sixty-three, Lieutenant Field Marshall Josef Edler von Ceipek

Architektonische Vision des Bauleiters. Auch das ist ein Stück nicht gebautes Wien. So stellte sich Josef Edler von Ceipek das künftige „Kriegsgebäude", wie er diesen Entwurf titulierte, im Jahr 1901 vor.

ersprießlich und wünschenswert war", hält er in seinen Erinnerung fest. „Uneingeschränkt bevollmächtigt" lautet das Zauberwort, nach dem Bauleiter von Ceipek die endgültigen Bauentwürfe, die Einrichtung und die gesamte Baudurchführung überwacht und dirigiert.

Als Architekt war Ludwig Baumann dem Bauleiter Ceipek zugeteilt und ihm de facto untergeordnet. Selbst ein Bauingenieur mit architektonischer Ambition, hat Ceipek bis zuletzt bedauert, dass er durch den Vorsitz im Preisrichter-Kollegium daran gehindert wurde, „an dieser schönen Konkurrenz teilnehmen zu können". So war festgelegt, das Vertragsverhältnis mit Baumann sei jederzeit zu lösen, „falls zwischen dem militärischen Bau-

(1844–1940) assumed the responsibility for the huge building project on the Stubenring. In his memoirs he wrote: 'The Site Manager stood under the direct command of the War Minister, as represented by the Deputy to the Minister, and was authorised to take all decisions in matters of structural engineering and artistic design, i.e. he had complete freedom of action, as was expedient and desirable for the purpose of executing the construction of the colossal building rapidly and successfully.' 'Unrestricted authority' was the magic formula, under which Site Manager von Ceipek supervised and directed the final construction drawings, the site facilities and the execution of the entire project.

Architect Ludwig Baumann was assigned to Site Manager von Ceipek and was thus his de facto subordinate. A

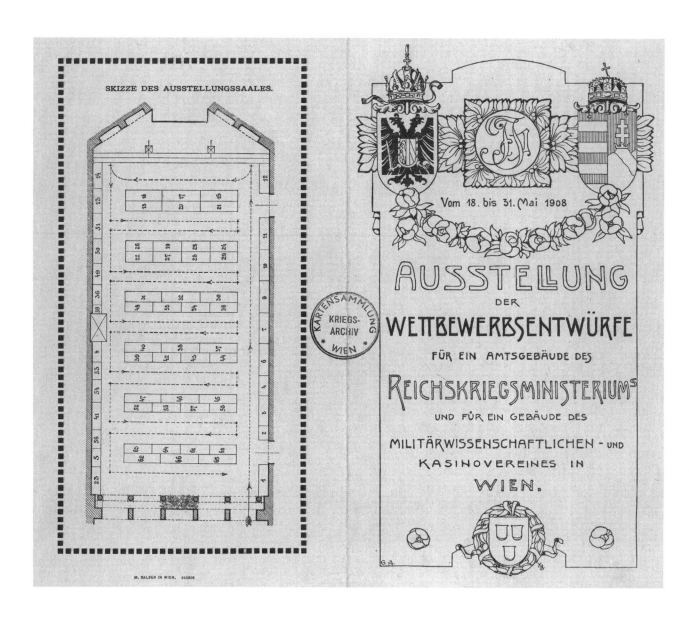

SKIZZE DES AUSSTELLUNGSSAALES.

M. SALZER IN WIEN. 810908

Vom 18. bis 31. Mai 1908

AUSSTELLUNG
DER
WETTBEWERBSENTWÜRFE
FÜR EIN AMTSGEBÄUDE DES
REICHSKRIEGSMINISTERIUMS
UND FÜR EIN GEBÄUDE DES
MILITÄRWISSENSCHAFTLICHEN - UND
KASINOVEREINES IN
WIEN.

KARTENSAMMLUNG KRIEGS-ARCHIV WIEN

leiter und Baumann in Bezug auf die künstlerische stilgerechte und stoffliche Ausführung unbehebbare Meinungsdifferenzen entstehen sollten". War er auch ein Machtmensch, so hat Ceipek seinen Architekten dennoch respektiert. „Es ist selbstverständlich, daß ich gegenüber einem Künstler vom Range Baumanns von meinen Befugnissen nur sehr diskreten Gebrauch machte und mir sein Einverständnis als conditio sine qua non galt", so Ceipek im Rückblick. Letztlich arbeiten beide über ein halbes Jahr in Eintracht an einem Modell des Gebäudes, bis

building engineer with architectural ambitions, Ceipek truly regretted that his chairmanship in the jury for this project had prevented him from 'participating in this beautiful competition.' This situation was further reflected in the contract with Baumann, which could be terminated at any time 'should irreconcilable differences of opinion arise between the military site manager and Mr. Baumann concerning artistic, stylistic and material aspects of execution.' Although himself a power-seeker, von Ceipek respected his architect. 'There was no question that I made only very subtle use of my authority in dealing

Das Programm zur Ausstellung der „Wettbewerbselaborate" – Sieger ist die Position 31, „Maria Theresia" von Ludwig Baumann. Zu den prominenten Verlierern gehört die Position 3 „Pallas" von Otto Wagner.

The programme of the exhibition showing the 'designs drafted for the competition' – the winner is no. 31: 'Maria Theresa' by Ludwig Baumann. One of the many submissions which did not win the competition was Otto Wagner's 'Pallas' (no. 3).

auch die letzten Details der Fassaden feststehen und beide vorbehaltlos ihr „placet" auf die Pläne setzen konnten.

EISEN UND BETON FÜR DIE EWIGKEIT

Die beim Bau angewendeten Baukonstruktionen entsprachen modernsten Anforderungen. Alle Zwischendecken sind als Eisenbetonkonstruktionen ausgeführt, zu diesem Zeitpunkt ein bautechnisches Novum, das bestmögliche Feuersicherheit sowie Erdbebensicherheit gewährleistete.

with an artist of Baumann's calibre, while his consent was a conditio sine qua non to me,' recalled von Ceipek. The two worked in harmony for more than half a year on a model of the building to fine-tune everything down to the tiniest details of the façade in order to be able to sign the final construction drawings in unconditional agreement.

IRON AND CONCRETE FOR ETERNITY

The design and materials used in the structure of the building represented the abso-

Erdaushub und Planierung des riesigen Bauareals.
Earthwork and levelling on the giant construction site.

Schaltzentrale vor Ort. Das Gebäude der Militärbauleitung am Rande des Baugeländes im hinteren Bereich zur Wien hin.
Local control centre: the office of the military site management team on the rear fringes of the construction site
close to the Wien River.

Monate lang feilten Josef Edler von Ceipek und Ludwig Baumann an den Details dieses Modells im Maßstab 1:50.
It took several months for Josef Edler von Ceipek and Ludwig Baumann to define the details of this model built to a scale of 1:50.

Pferdefuhrwerke transportieren die Ziegel auf die Baustelle. Bauleiter Ceipek (vorne rechts) beim Baustellenrundgang.
Horse-drawn carts are used to haul bricks to the site. Site Manager von Ceipek (front right) during an inspection.

Blick über die Baustelle Richtung Wienfluss. Stolz auf den Baufortschritt – die erste Decke wird geschlossen.
View across the site towards the Wien River. Following the building progress with pride – the first floor is about to be closed.

Bauleiter Josef Edler von Ceipek mit seinen engsten Mitarbeitern auf der Rückseite des Gebäudes der Bauleitung vor Ort.
Site Manager Josef Edler von Ceipek with his closest aides at the rear of their on-site office.

Beeindruckende Zimmermannsarbeit – die Dachstühle der Kuppeldächer.
Wenig später waren sie mit Kupfer und Schiefer eingedeckt.
Impressive carpenter's art – the roof system of the dome-shaped roofs.
Soon afterwards they were covered in copper and slate.

Die imposante Ringstraßenfront des im Bau befindlichen Kriegsministeriums mit Bautafel und Reklameschildern.
The imposing front view of the War Ministry under construction with site information and advertising billboards,
as seen from Ringstrasse.

Gerade weil für das monumentale Amtsgebäude so große Mengen an Beton verarbeitet wurden, war Qualitätskontrolle unerlässlich. Immerhin wurden 40.000 m² Plattenbalkendecken nach „System Porr" im Gebäude verlegt, die Nutzlast war in Bandbreiten von 300 bis 1000 kg/m² ausgelegt. Die Eisenbetonarbeiten wurden zwischen Juli 1910 und September 1911 ausgeführt. Dazwischen lag eine dreimonatige Winterpause, ideal für Zwecke der „Betonkontrolle". Zwölf Balkenpaare wurden unter Einfluss von Frost nach ihrer „Biegungsfestigkeit" hin untersucht, diese Biegebruch-Proben unter verschiedensten Temperatur-Parametern genau

lute state of the art of their time. All slabs necessary for the intermediate floors were made of ferro-concrete, a novel design feature in those days, and one which ensured maximum fire and earthquake resistance.

Since this monumental office building required huge quantities of concrete, quality control was indispensable. 40,000 m² of slab-and-beam floors ('System Porr') were laid in the building, with design live loads ranging from 300 to 1000 kg/m². Work on this reinforced concrete lasted from July 1910 to September 1911, only to be interrupted by three months of winter, an ideal time for monitoring the quality of concrete. Twelve pairs of beams were tested for their bending strength under the impact of frost.

Erdbebensicher und feuerbeständig. Das Kriegsministerium zählt zu den ersten Gebäuden mit Beton-Stahldecken in Wien, der sogenannten „Porr-Decke".

Earthquake- and fire-resistance: the War Ministry was among the first buildings in Vienna to be equipped with reinforced concrete floor slabs, the so-called 'Porr floor'.

Die Betonkontrolle beim Neubau des k. u. k. Kriegsministerialgebäudes in Wien.

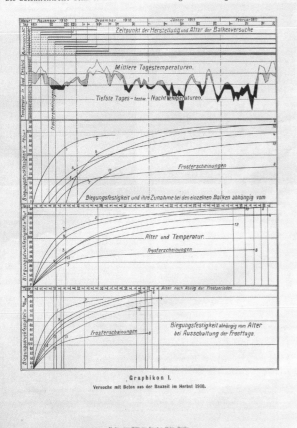

Graphikon I.
Versuche mit Beton aus der Bauzeit im Herbst 1910.

Verlag von Wilhelm Ernst u. Sohn, Berlin.

tretende Frost ohne eine Einwirkung geblieben, trotzdem die Balken auf der zuletzt erreichten Stockwerksgleiche (obersten Decke) der Witterung vollkommen frei ausgesetzt waren. Die Balken 5 u. 6, welche knapp vor dem Frost und die Balken 9 u. 10, welche knapp nach dem Frost betoniert wurden, zeigen ebenfalls keinerlei Einfluß und es besteht mit den für kühles Wetter gegebenen Mittelwerten eine gute Uebereinstimmung, d. i. nach vier Wochen 240 kg/cm², nach sechs

gedeckt wurden. Dasselbe zeigt sowohl nach zwei Wochen wie nach drei Monaten einen Abfall auf nahezu die Hälfte der normalen Festigkeit. Bei der Untersuchung der gebrochenen Balken 7 u. 8 hat der Schreiber dieses gefunden, daß diese

Abb. 6. Stück aus der Oberfläche des Balkens Nr. 8.

Abb. 7. Bruchstück des Balkens Nr. 8.

Wochen 270 kg/cm² Biegungsfestigkeit. Die Balken 11 u. 12 zeigen trotz verhältnismäßig günstiger Temperaturverhältnisse geringere Festigkeiten, nach vier Wochen 180 kg/cm², nach sechs Wochen 210 kg/cm². Die Erklärung hierfür ist darin zu suchen, daß das Verhältnis von Sand zum Schottermaterial schlecht war, was schon in dem äußeren Aussehen des Betons bezw. Balkens auffallend war.

Einen sehr bemerkenswerten Abfall zeigt das Balkenpaar 7 u. 8, welches im Frost am 22. November 1910 abends bei einer Temperatur von 0° betoniert wurde und in der folgenden Nacht einen Frost von — 2° C. erhielt, wobei die Balken ebenso wie die gleichzeitig hergestellte Decke nach der Betonierung mit Stroh und Schilfmatten zu-

Balken nicht nur äußerlich (Abb. 6) Frosterscheinungen in der Zementhaut zeigen, sondern daß auch, wie Abb. 7 zeigt, die ganze Betonmasse im Inneren von Eisblumen durchsetzt ist. Die betreffenden Aufnahmen (Abb. 6 u. 7) wurden auf Veranlassung des Herrn Dr. v. Emperger in der graphischen Lehr- und Versuchsanstalt mit solcher Präzision ausgeführt, daß man hervorheben muß, daß die Lichtbilder dieser Eisblumen diese Erscheinung viel deutlicher ersehen lassen, als es in der Wirklichkeit der Fall ist.

In der Praxis bedarf es des geschärften Auges eines Fachmannes, um diese Frosterscheinungen in dem Inneren des Betonkörpers nachzuweisen. Sie sind meines Wissens tatsächlich bisher noch von niemand festgestellt worden. (Schluß folgt.)

Einige neuere Siloausführungen der Wayss & Freytag A.-G., Berlin.

Alle Rechte vorbehalten.　　Von Oberingenieur S. Sor, Berlin.*)

1. Koksbunker für die Gasanstalt der Stadt Berlin in Tegel.
Die Abb. 1 u. 2 stellen Quer- und Längsschnitt der nach dem generellen Entwurf der Städtischen Gaswerke ausgeführten

Gasanstalt Tegel. Koksbunker.

Abb. 1.　　　　　　　　　　Abb. 2.

Anlage dar, die aus 17 Taschen von je 7,74 m Länge besteht und an einem bestehenden Gebäude verankert ist. Da der Koks in glühendem Zustande hineingeschüttet wird, ist eine innere Auskleidung der Taschen mittels in Zementmörtel verlegter abgebrannter Steinfliesen ausgeführt worden. Derartige Verkleidungen sind sonst — etwa als Vorkehrung gegen das Abnutzen des Eisenbetons durch die Wirkung des herabfallenden Füllmaterials — nicht erforderlich, da die Stoßwirkung sich sogar bei Erzsilos nicht so weit bemerkbar

*) Seit dem 1. Oktober 1911 Mitinhaber der Eisenbeton-Firma Wladimir de Heriza & Inginer S. Soru, Bukarest.

Der Deckenbau nach System Porr im Kriegsministerium wird zum Sensations-Fachartikel in der Zeitschrift „Beton u. Eisen". Der „Betonkontrolle" unter Frosterscheinungen werden eigene Versuchsreihen gewidmet.

The intermediate floor design ('System Porr') of the War Ministry was a sensation. The article published in the technical journal 'Beton u. Eisen' made quite a stir. Special test series were used to control the quality of concrete under the impact of frost.

dokumentiert. Auch zwei unterschiedliche Schotterqualitäten wurden getestet, um die optimale Festigkeit des Betons zu erreichen. Die Bauleitung und die Firma Porr haben in der Versuchsreihe eng kooperiert, denn Ziel war es, allen Ingenieuren und Arbeitern zu demonstrieren, wie sich der von ihnen erzeugte und verarbeitete Beton bei der Materialerprobung verhält, um diese Erkenntnisse in der zweiten Fertigungsphase nach der Winterpause zu berücksichtigen. In diesem Sinne ist das Kriegsministerium ein Stück „Hightech" seiner Zeit. Man scheute weder Mittel noch Methoden, um eine beispiellose Stabilität des Gebäudes zu erreichen.

Carried out under varying temperature parameters, these tests were documented in great detail. Two different ballast qualities were also tested in order to achieve optimal strength for the concrete. Site Management and Messrs. Porr cooperated closely during the test series, as the ultimate goal was to demonstrate to all engineers and labourers how the concrete they had made and used on site responded to these material tests, and to apply these findings in the second phase of concrete production after the winter break. In this sense the War Ministry is also a period piece of 'high-tech' design. Those in charge spared neither expense nor methodology in order to achieve unrivalled stability for this building.

URKUNDE

ÜBER DEN NEUBAU DES KRIEGSMINISTERIALGEBÄUDES.

Dieses Haus wurde erbaut unter der glorreichen Regierung **Seiner Majestät Franz Joseph I.**, von Gottes Gnaden Kaiser von Österreich, König von Böhmen usw. und Apostolischer König von Ungarn. Es wurde der Bau begonnen im Herbst des Jahres 1909 und beendet im Juli des Jahres 1913, in Seiner Majestät 65. Regierungsjahre.

Das Zustandekommen des Baues ist insbesondere dem Kriegsminister, General der Infanterie **Franz Freiherr von Schönaich** zu danken, der die Initiativanträge des nachmaligen Bauleiters, des mit den Agenden des Generalbauingenieurs betrauten, damaligen Generalmajors **Josef Edler von Ceipek** auf ihre Berücksichtigungswürdigkeit vollwertig eingeschätzt und mit aller Energie die Bauaktion eingeleitet und gefördert hat. Dem Bauleiter gab er fast unumschränkte Vollmacht innerhalb des bewilligten Baukredites, der auch nicht überschritten wurde. In pietätvoller Wahrung des Andenkens der großen Kaiserin Maria Theresia und beseelt von seinem Kunstempfinden hatte er den Befehl gegeben, daß der herrliche Gobelinsaal und seine Nebenräume in gleicher Weise im neuen Hause wiedererstehen sollen, wie diese Räume im alten Kriegskanzleihause auf Anordnung der Kaiserin Maria Theresia vom Oberhofarchitekten Fr. A. Hillebrandt für den Hofkriegsrat im Jahre 1776 hergestellt und eingerichtet worden sind.

Unter dem Kriegsminister General der Infanterie **Moritz Ritter von Auffenberg** wurde der Bau fortgesetzt und ist die Einteilung der Wohn-, Arbeits- und Repräsentationsräume des Ministers in der jetzigen Form endgiltig festgesetzt worden.

Unter dem Kriegsminister Feldzeugmeister **Alexander Ritter von Krobatin**, der von Anfang her schon als Sektionschef und Ministerstellvertreter an der Verwirklichung des Baues eifrig und sehr erfolgreich mitgewirkt hat, wurde der Bau glücklich vollendet und bezogen.

Weiland Seine kaiserliche Hoheit, der durchlauchtigste General der Kavallerie und Admiral, Herr

ERZHERZOG FRANZ FERDINAND

geruhte dem Baue während dessen ganzer Dauer gnädigstes Interesse und maßgebende Einflußnahme zuzuwenden.

Im neuen Hause sind nun seit Mitte Mai 1913 alle Abteilungen und Hilfsämter des Kriegsministeriums außer der Fachrechnungsabteilung und alle Bureaux des Generalstabes außer dem Kriegsarchiv vereinigt untergebracht.

Für den Bau wurde eine eigene, dem Kriegsministerium direkt untergeordnete Bauleitung als Militärbaubehörde unter dem Bauleiter Feldmarschalleutnant **Josef Edler von Ceipek** aufgestellt.

Die bei einem großen Wettbewerbe der Architekten Österreich-Ungarns mit dem ersten Preise ausgezeichneten Grundriß- und Architekturskizzen des Leiters des kaiserlichen Hofburgbaues, Oberbaurates **Ludwig Baumann** haben zufolge der von Weiland Seiner kaiserlichen Hoheit, dem durchlauchtigsten Herrn **Erzherzog Franz Ferdinand** in Vertretung Seiner Majestät gefällten Entscheidung als allgemeine Grundlage für den Bau gedient. Auf dieser Grundlage wurden bei voller Berücksichtigung aller dienstlichen Erfordernisse von der Bauleitung die Baupläne neu verfaßt, die gesamten umfangreichen Installationsarbeiten neu aufgestellt, kalkuliert und detailliert. Die Architekturpläne und Zeichnungen für die künstlerische Innenausstattung, ausgenommen die nach den Hillebrandt'schen Mustern reproduzierten Räume, wurden vom Oberbaurat **Ludwig Baumann** unter Einflußnahme des Bauleiters neu bearbeitet und endgiltig verfaßt.

Nach diesen Plänen und Zeichnungen ist der Bau durch das verständnisvolle Zusammenwirken, den Eifer und Fleiß der Organe der Bauleitung mit den Industriellen und Gewerben Österreichs und Ungarns vollständig aus einheimischem Material geschaffen worden.

Das von der gesamten Armee gestiftete Denkmal ihres unvergeßlichen Kriegshelden, Feldmarschalls **Josef Graf Radetzky**, das früher vor dem alten Kriegskanzleihause Am Hof seinen Standort hatte, wurde vor der Frontmitte des neuen Kriegsministerialgebäudes neu aufgestellt, auf einem im Zuge der Ringstraße neu geschaffenen großen, freien Platze, so wie dies auch ursprünglich vom genialen Schöpfer des Denkmales, Hofrat Professor **Kaspar Ritter von Zumbusch** gewünscht war.

Die Baukosten haben, alles inbegriffen, exklusive Grundankauf 12,726.000 Kronen betragen.

Am heutigen Tage ist im großen Fest- und Ratsaal diese Urkunde, in einer doppelten Kapsel aus Glas und Kupfer verwahrt, in eine in der Mittelmauer eingemauerte Stahlkassette eingelegt worden.

MÖGE GOTTES SEGEN IN DIESEM HAUSE ALLEZEIT WALTEN!

NEOBAROCK, ÄSTHETIK UND FUNKTIONALITÄT DES MILITARISMUS

NEO-BAROQUE, AESTHETICS AND FUNCTIONALITY OF MILITARISM

Die prächtige Urkunde anlässlich der Eröffnung, die nach alter Tradition gemeinsam mit Tagesblättern, österreichischen und ungarischen Geldmünzen und einem Schematismus für das k.u.k. Heer und die k.u.k. Kriegsmarine sowie den Standestabellen aller Abteilungen, der Bauleitung und einem Verzeichnis der am Bau beschäftigten Unternehmen in eine Schlusssteinkassette eingelegt worden war.

The magnificent original building inauguration document: as was traditional, it was deposited in a special case in one of the keystones together with newspapers, coins of the Austro-Hungarian Empire, a structure chart of the Imperial and Royal Army and Navy, as well as tables with the ranks of all ministerial divisions, site management team and a list of companies involved in the construction of this building.

In seiner architektonischen Gestaltung ist der Bau ein Rückgriff auf eine frühere Epoche. Das war sogar den Zeitungen zu entnehmen, so im Neuen Wiener Abendblatt vom 5. Juni 1912. „Dem Postsparkassengebäude gegenüber erhebt sich der Mitteltrakt des Gebäudes, das in modernem Barock erbaut ist. Die Maria-Theresia-Zeit hat das Kriegsministerium geschaffen, und deshalb hat der Architekt des neuen Hauses auch zu dem Stil gegriffen, der jener Zeit entspricht." Feldmarschallleutnant von Ceipek gefällt der „Grundton ernster Geschlossenheit" am Gebäude. Die sorgsam modellierten Soldatenköpfe an den Schlusssteinen der Fenstersturzbögen sind eine Referenz an die Zeit der österreichischen Armee zwischen 1750 und 1850 und somit „ihrer ruhmreichsten Glanzzeit", wie Feldmarschallleutnant von Ceipek sich erinnert. „Da ferner moderne Waffen und Rüstungen zu dekorativer Verwendung wenig geeignet sind und auch moderne Krieger dem Auge weniger malerisch als praktisch erscheinen, so mussten die ganzen kriegerischen Motive für den figuralen und ornamentalen Schmuck des Hauses aus dem römischen Kriegswesen geholt werden,

The architectural design of this building is a clear statement of commitment to elements of an earlier epoch. Even contemporary newspapers were of this opinion, as can be seen from an article in the Neue Wiener Abendblatt of 5 June 1912: 'Opposite the building of the Postsparkasse, the central section of this building rises in modern Baroque design. The War Ministry was initially established during the reign of Maria Theresa, and therefore the architect of the new building has selected an architectural style which is emblematic of that period.' Lieutenant Field Marshall von Ceipek liked the 'concept of earnest cohesion' underlying its design. The meticulously sculpted heads of soldiers on the keystones of the lintel arches evoked the 'most glorious days' of the Austrian army between 1750 and 1850, as von Ceipek recalled in his memoirs: 'Modern weaponry and armament are not at all suited for decorative purposes, nor are modern soldiers with their practical rather than picturesque uniforms. Thus it was necessary to model the warrior motives for the figural and ornamental elements of the building on those of the Roman Empire, something we are used to see in older buildings,' is von Ceipek's

was man an älteren Bauten zu sehen ohnehin gewöhnt ist", so Ceipek lakonisch und pragmatisch zugleich. Eine unübersehbare Referenz an das alte Kriegsministerium bildete auch die originalgetreue Nachbildung der Fest- und Empfangsräume, so etwa durch die weißen Türen und Täfelungen, die teilweise umgearbeitet, aufgefrischt und auch ergänzt wurden.

AUTARKE MILITÄRMASCHINE

Einem riesigen Tanker gleich geht das Gebäude an der Ringstraße vor Anker. Das Kellergeschoß ist die Versorgungsader, hier befinden sich die Zentralniederdruckdampfheizung, die Wasser- und Gasleitung, alle elektrischen Kabel- und Drahtleitungen sowie verschiedene Depoträume. Beeindruckende Dimensionen auch hier. Das Kesselhaus der Heizungsanlage umfasst 24 Gliederkessel und ein Dampfleitungsrohrnetz von rund 40.000 m Länge und insgesamt 2.050 Heizkörper! Das Haus wird ausschließlich elektrisch beleuchtet, vier Dieselmotor-Aggregate zu je 120 Pferdestärken erzeugen Strom. Diese hauseigene elektrische Kraftanlage sichert Autarkie. „Hierdurch soll das Kriegsministerialgebäude vom Bezuge des elektrischen Stromes aus auswärtigen Zentralen für alle Fälle unabhängig gemacht werden, was aus ökonomischen und anderen Gründen sich empfiehlt", so der Bauleiter in Anspielung auf den Kriegsfall. Die Möglichkeit des

laconic and pragmatic commentary on this subject. Another conspicuous reference to the original building of the War Ministry were the faithful replicas of its ceremonial halls and reception rooms, in this case the original white doors and panelling, which had been partially reworked, touched up and adapted, were used.

SELF-SUFFICIENT MILITARY SYSTEM

The building resembled a giant tanker which had dropped anchor on the Ringstrasse. The basement was the principal supply artery for the ministry: it housed the central low-pressure steam heating, the water and gas pipes, all electric cables and wires, as well as various depots. They, too, were of gigantic proportions. The heating system included a boiler house with 24 sectional boilers and a steam pipe network of roughly 40,000m in length and 2,050 radiators. All the lighting of the building was electricity-based, four Diesel generators produced electricity, each with a capacity of 120hp. The in-house power-supply plant ensured the building's self-sufficiency. 'This is intended to guarantee that the War Ministry remains completely independent from external sources of electricity, which is to be recommended for both economic and other reasons', writes the Site Manager in allusion to times of war. Connection of the building installations to the utility grid of the city

Anschlusses an das städtische Elektrizitätswerk wurde allerdings vorgesehen.

Der Mittelbau enthält in den vier Eckräumen die Hauptstiegen. Im Ringstraßentrakt verlaufen zwei sogenannte Coupéaufzüge, im Wientrakt zwei Paternosteraufzüge. Die Wohnung des Kriegsministers (heute Büro des Sozialministers) hat eine eigene Stiege, ihr eigenes Portal zur Ringstraße hin und auch einen eigenen Hofraum mit Stallungen, Garage und einer gedeckten Reitschule. Das Hochparterre beherbergt alle Hilfsämter, die Registratur, Hauskommando und Gebäudeverwaltung, Telefonzentrale, ärztliche Ordinationszimmer und Dienerwohnungen. Im Tiefparterre befinden sich die Druckerei, die Mannschaftsküchen, Speiselokale, Werkstätten, das Postamt und eine Offiziersdusche. In den oberen Stockwerken zur Ringstraße hin liegen die Büros der Sektionschefs und ihrer Ressortabteilungen. Jeder Sektionschef hat eine „Kanzleigruppe" zur Verfügung, bestehend aus einem großen Empfangs-, einem kleineren Arbeitszimmer, einem Wartezimmer, einer Toilette, einem Zimmer für den „Manipulationsoffizier" und einem Zimmer für den Armeediener. Die Hierarchie beeinflusst auch die Ausstattungsdetails. Die Salons und die Arbeitszimmer des Ministers und seines Stellvertreters sowie die Kanzleien der Sektionschefs werden mit Lustern und Wandarmen für elektrische Lampen ausgerüstet, alle Schreibtische haben Tischlampen.

of Vienna was, however, also included in the plans.

The main stairwells were situated in the four corner areas of the central section of the building. Two so-called 'coupé lifts' were located in the building tract fronting the Ringstrasse, and two paternoster lifts in the tract facing the Wien River. The apartment of the War Minister (which serves today as the office of the Minister of Social Affairs) had a separate stairwell and a separate entrance from the Ringstrasse, as well as separate courtyard spaces including stables, a garage and a covered riding school area for exercising horses. The elevated ground floor accommodated all the auxiliary offices, the registry, the spaces for in-house command and building management, the telephone exchange, the doctor's office and the apartments of servants. The semi-basement housed the printing office, the mess halls for enlisted men, a number of restaurants, workshops, the post office and shower facilities for officers. The offices of the departmental heads and of their various departmental divisions were located in the upper storeys facing Ringstrasse. Extensive office space was made available to each head of a department. It consisted of a large reception room, a smaller study, a waiting room, sanitary facilities, one room for the officer on duty and one for the enlisted man on duty. Official status within the military hierarchy also influenced the design features. The official meeting rooms and the study of the minister and his deputy, as well as

Empfangs- und Arbeitsbereich des Kriegsministers.
The reception and working area of the War Minister.

Der in Kunstmarmor (stucco lustro) ausgeführte Festsaal, heute „Marmorsaal", geht über zwei Stockwerke.
The Ceremonial Hall decorated with imitation marble (stucco lustro), today's 'Marble Hall' extends the height of two storeys.

Reproduktion der kaiserlichen Empfangsräume aus dem alten Kriegsministerium –
Historische Gobelins aus der Zeit von Kaiserin Maria Theresia schmücken den Gobelinsaal.
Reproduction of the Imperial Reception Rooms of the first War Ministry building –
historic tapestries from the period of Empress Maria Theresa adorn the Hall of Gobelins (tapestries).

Das überlebensgroße Porträt von Kaiser Franz Joseph I. aus der Hand des Malers und
Reservehauptmanns Oskar Brüch schmückt den Festsaal.
Created by the painter and Captain of the Reserve Oskar Brüch, the larger-than-life-size portrait of
Emperor Francis Joseph I adorns the Ceremonial Hall.

Ein eigenes Postamt im Tiefparterre für das Kriegsministerium.
The War Ministry's own post office in the semi-basement.

Eiserne Stellagen für die Aktenfaszikel samt Schwebegang in der Registratur. Beamte posieren für den Fotografen.
Registry equipped with iron shelves and catwalk for storing and accessing the files. Civil servants pose for the photographer.

Findbücher erleichtern die Suche.
Location inventories facilitate the search for documents.

Der Setzer- und Maschinenraum der Druckerei.
Composition and machinery room of the printing office.

„In den gewöhnlichen Bureauzimmern, wo die Notwendigkeit der Beleuchtung nur bei trüber Witterung in den Vormittagsstunden und abends in einzelnen Räumlichkeiten eintreten könnte, wird nur je eine Tischglühlampe beigestellt", ist trocken in einem Planungsdokument vermerkt. Andere Details machen klar: Das ist ein Haus für den Ernstfall. So werden einzelne Kanzleiräume aus Geheimhaltungsgründen gegen den Verkehr des restlichen Hauses abgeschlossen. Und im Attikgeschoß steht die modernste Einrichtung, eine Radiotelegraphenanlage, deren Antenne noch weit über den Dachboden hinausragt. Der Radiofeldtelegraphie mit telegraphischer und telefonischer Verbindung in die ganze Monarchie wird im Ersten Weltkrieg eine besondere Bedeutung zukommen.

the offices of the departmental heads, were furnished with chandeliers and wall arms for electric lights, and every desk had its own desk lamp. 'For normal office spaces, where lighting becomes necessary only on very cloudy days in the morning hours or occasionally in the evening, one incandescent table lamp is provided per room', is the dry comment to be read in one planning document. Other details clearly show that this was a building prepared for emergencies. Secrecy provisions required that individual office spaces be locked off from contact with the other sections of the building. And the top floor accommodated the most sophisticated equipment in the entire building: a wireless telegraph system with an antenna that rose far above the roof. Wireless field telegraphy, including both telegraph and telephone connections throughout the Monarchy, was to be of major significance during World War I.

Die Hauptwache vor dem Haupttor der Ringstraßenfront.

Main guard in front of the main entrance facing Ringstrasse.

Pferd und Automobil. Eigener Hofraum mit Stallungen und Garage für den Kriegsminister.

Horse and automobile. Special courtyard space including stables and garage, reserved for use of the War Minister.

Das interessante Blatt

Abonnementspreise mit wöchentlicher Postversendung: für Oesterreich-Ungarn: vierteljährlich 3 Kronen 20 Heller, halbjährig 6 Kronen 40 Heller, ganzjährig 12 Kronen 80 Heller; für Deutschland: vierteljährlich 4 M., halbjährig 8 M., ganzjährig 16 M.; für alle übrigen Länder des Weltpostvereines: vierteljährlich 7 Francs, halbjährig 14 Francs, ganzjährig 28 Francs. — Einzelne Nummern 24 Heller.

Redaktion und Administration: Wien, III. Rüdengasse 11 (Telephone 4199, 9767 und 9540), Stadtbureau: Wien, I. Schulerstraße 18.

Nr. 31.   Erscheint Jeden Donnerstag.   Wien, 30. Juli 1914.   Abonnements durch jede Buchhandlung und Postanstalt.   XXXIII. Jahrg.

Der Krieg mit Serbien.

Patriotische Demonstrationen vor dem Kriegsministerium in Wien.

Die gespannt der Entscheidung in Belgrad entgegensehende vor dem Kriegsministerium versammelte Menschenmenge akklamiert beim Eintreffen der Nachricht vom Abbruch der diplomatischen Beziehungen zu Serbien mit Begeisterung den Kaiser und die Armee. — (Rechts oben): Vor einer plakatierten Kundmachung.

Nach einer Skizze und photographischen Aufnahme.

Im Innern des Blattes:

Ueberreichung des Ultimatums. — Bilder aus Belgrad. — Die Kommandanten unserer südlichen Korps.

MOBILMACHUNG
UND ERSTER WELTKRIEG

MOBILISATION

AND WORLD WAR I

Die Julitage von 1914. Die Kriegserklärung an Serbien führt in der Doppelmonarchie zu Begeisterungsstürmen. Auch ein Großteil Europas wird von fataler Kriegsbegeisterung erfasst.

The days of July 1914. The Declaration of War on Serbia led to demonstrations of unbridled joy in the Dual Monarchy. A large part of Europe was engulfed by a fatal enthusiasm for this war as well.

Mit Pathos schildert Bauleiter Ceipek den plötzlichen Übergang vom Frieden in den Krieg. Das Haus war kaum fertiggestellt „da sprang plötzlich die Kriegsfurie aus ihren Fesseln und ein Weltbrand loderte empor". Doch lobt er sogleich die Kriegstüchtigkeit des neuen Gebäudes. Undenkbar die Heeresmobilisierung von neun getrennten Standorten im alten Kriegsministerium, so Ceipek. Reibungslos und effektiv hingegen die Auslösung der Massenbewegung von Gütern und Menschen vom Stubenring

It was with great pathos that Site Manager von Ceipek recalled the abrupt transition from peace to war. The building was hardly finished 'when all of a sudden the fury of war was unleashed and ignited the fire of a world conflagration.' But he also praised the suitability of the new building in adapting to the demands of war. According to Ceipek it would have been virtually impossible to organise the mobilisation of the army from the nine separate locations of the former War Ministry, whereas monitoring the mass movement of goods and troops

Menetekel des drohenden Untergangs. Der Trauerzug anlässlich des Begräbnisses von Kaiser Franz Joseph I. am 30. November 1916 führt auch am Kriegsministerium vorbei.

The funeral cortege of Emperor Francis Joseph I passing the War Ministry building on 30 November 1916. His death was the 'handwriting on the wall' for the Dual Monarchy, which was to collapse soon thereafter.

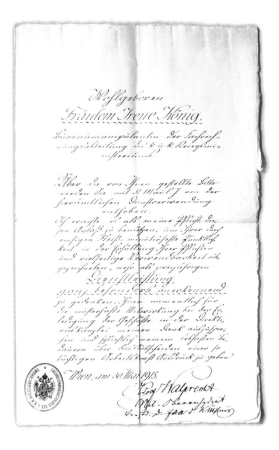

aus, wo Generalstab und Kriegsministerium von einem Ort aus zusammenwirkten. Der Personalstand von 2.000 Menschen verdoppelt sich. Sichtbarstes Zeichen des entfesselten Krieges – die Telefonzentrale wird erweitert, um den erhöhten Nachrichtenfluss aus dem Kriegsministerium im menschenvernichtenden Stellungs- wie auch Bewegungskrieg zu bewältigen.

MENSCHEN IM MINISTERIUM

Der ausufernde Krieg bringt den Riesenbau bald an seine Grenzen. Viele Angestellte finden keinen Platz mehr am Stubenring, neue Außenstellen sind erforderlich. In einer davon, der Fachrechnungsabteilung, arbeitet die junge Irene König. Sie erhält ein exzellentes Dienstzeugnis, als sie ihren Dienst wegen der bevorstehenden

from the building on Stubenring, home to both the General Staff and the War Ministry, was smooth and effective. The headcount of 2,000 employees doubled. The most visible indication of the raging war was the greatly expanded telephone exchange, a necessary step taken in order to manage the increased flow of communication from the War Ministry in static and mobile warfare which caused such a high death toll.

PEOPLE IN THE MINISTRY

The escalating war soon forced the huge building to its limits. Many of its employees could no longer be accommodated on the Stubenring. New branch offices had to be created. Irene König was a young woman employed in one of the branch offices, the Special Accounting Office. When she left her position in 1915 to get married, she

Ein Mann der ersten Stunde am Stubenring und eine bewegte Militärlaufbahn, die von der Monarchie bis in die Anfänge der Ersten Republik reicht. Franz Strambach (1863–1930) ist intimer Kenner der Baugeschichte des Kriegsministeriums, wirkt er doch als technischer Militärbaubeamter an dessen Errichtung mit.

Franz Strambach (1863–1930) was with the War Ministry on the Stubenring from the very beginning and had a military career spanning from the monarchy to the budding First Republic: Strambach had an intimate knowledge of the history of the construction of the War Ministry building, having been involved in its erection as a military construction engineer and civil servant.

Heirat im Kriegsjahr 1915 kündigte. Ihr Mann war bei Kriegsbeginn an der Front gegen Serbien verwundet worden und musste in der Folge keinen Kriegsdienst mehr leisten.

Eine ganz andere Dramatik im Leben des verdienten Militärbaubeamten Franz Strambach. Nach intensiven Jahren, in denen er bei der Errichtung des Kriegsministeriums mitwirkte, wird er nach dem Krieg Leiter der Militärbauabteilung der Munitionsfabrik in Wöllersdorf. Zuletzt arbeitet er in der Unterkunftsabteilung des Militär-Liquidierungsamtes. Damit geht seine Berufslaufbahn am Stubenring 1 zu Ende.

was given an excellent certificate for her service. Her husband had been wounded on the Serbian frontline at the beginning of the war, whereupon he was dispensed from military service.

The life of Franz Strambach, a highly regarded military construction engineer and civil servant, took a few entirely different turns. Following years of high activity, in which he was involved in the construction of the War Ministry building, his career after the end of World War I continued when he became the head of the military design division of an ammunition factory based in Wöllersdorf/ Lower Austria. He spent the last years of his career in the accommodation division of the Military Liquidation Agency (i.e. the former War Ministry which was in the process of being liquidated), where his career at Stubenring 1 came to a close.

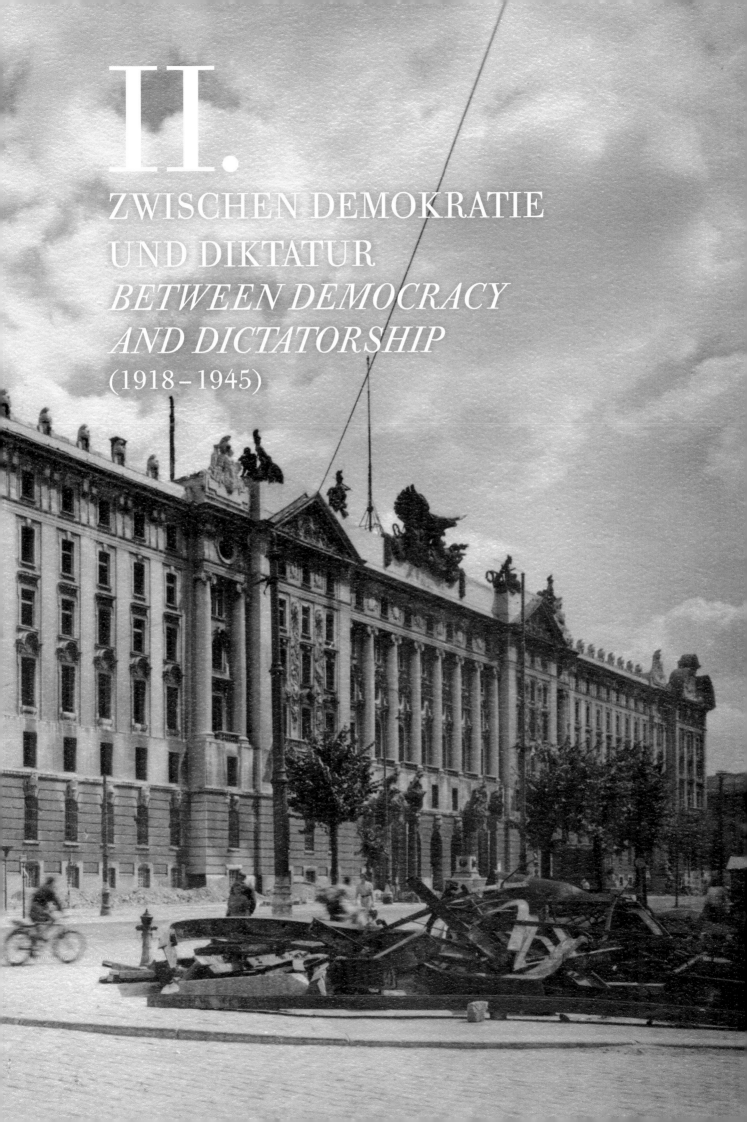

II.

ZWISCHEN DEMOKRATIE UND DIKTATUR

BETWEEN DEMOCRACY AND DICTATORSHIP

(1918–1945)

EIN HAUS VERLIERT SEINE URSPRUNGSBESTIMMUNG

A BUILDING IS DEPRIVED OF ITS ORIGINAL FUNCTION

Wehmütig blickt Chronist Josef Edler von Ceipek auf das Geschehen am Stubenring. „Die Armee, für die wir das Gebäude gebaut haben, ist verschwunden und nur die Stadt Wien, in der es steht, ist um diesen Prachtbau bereichert geblieben. Unser kleines Söldnerheer braucht aber nicht mehr ein Prachtamtsgebäude, denn unser Bundesministerium für Heerwesen hat von den 1000 im Hause vorhandenen Kanzleiräumen nur noch eine kleine Anzahl in eigener Benützung; der weitaus größere Teil derselben dient anderen Zwecken." Noch bezeichnen die Menschen das Gebäude wie selbstverständlich als „Kriegsministerium", als im Jahr 1924 die zivile Nutzung einsetzt. Das Bundesministerium für Handel, Gewerbe und Verkehr zieht ein, die Bundesgebäudeverwaltung, das Patentamt sowie eine Zweigstelle der italienischen Handelskammer.

RADIOWELLEN VOM STUBENRING

Zivile Nutzung erfährt auch der Telegraphie-Sender auf dem Dach. Er wird zum Ausgangspunkt für die erste Radiosendeanlage Österreichs. Ab 1923

In his memoirs, Josef Edler von Ceipek looked ruefully at what had become of the building on Stubenring: 'Gone is the Army for which we erected this building. Only the City of Vienna, where it is located, continues to be enriched by this prestigious structure. Our tiny mercenary army no longer needs such a magnificent building. The Federal Ministry of Military Affairs only uses a very small number of these one thousand office rooms, while most of the other rooms serve different purposes.' Even after it had been reassigned to civil use in 1924, the building was still known as the 'War Ministry'. The building now accommodated the following agencies: the Federal Ministry for Trade, Industry and Transport, the Federal Buildings Administration, the Patent Office, as well as a branch of the Italian Chamber of Commerce.

RADIO WAVES FROM STUBENRING

The telegraph transmitter located on the roof of the building was also dedicated to civil use, and served as a starting point for the first radio station in Austria. From 1923 onward, voice transmission was

sind Sprachübertragungen vom Stubenring aus möglich. Doch macht der alte Militärsender technische Probleme, ein neuer Telefunken-Sender schafft Abhilfe. Zwischen 1924 und 1926 geht der neue Sender der RAVAG (Radioverkehrs AG) in Betrieb. Bald sind es gut 15.000 Teilnehmer, die klassische Musik und sogar die Übertragung von Aufführungen der Salzburger Festspiele im Radio hören. Auch eine „Radio-Volkshochschule" geht vom Stubenringsender aus, bevor 1925 die Standortentscheidung für den Rosenhügel fällt, wo ab 1926 die Radio-Geschichte Österreichs weitergeht.

LITERARISCHES ZWISCHENSPIEL

Für kurze Zeit ist auch die österreichische Gegenwartsliteratur zu Gast im Gebäude am Stubenring. Der Schriftsteller Robert Musil arbeitet zwischen 1920 und 1923 als psychologischer Fachbeirat für das Staatsamt für Heereswesen. Sein Schreibtisch befindet sich in einem Zimmer auf der Rückseite des Gebäudes. Musil, dessen Arbeitsvertrag mit dem Staatssekretär für Heerwesen, Julius Deutsch, abgeschlossen worden war, weiß seiner Tätigkeit weitgehende Annehmlichkeiten abzugewinnen. So schreibt er Manuskripte auf Vordrucken aus dem Kriegsministerium und nutzt die Schreibmaschine. Die Atmosphäre im Kriegsministerium wirkt – neben Musils Kriegserfahrung

possible from this site on the Stubenring. However, the former army transmitter caused technical problems. A new transmitter made by Telefunken was installed to remedy the situation. Between 1924 and 1926, the new RAVAG (Radioverkehrs AG) radio station went on the air. Soon a good 15,000 radio subscribers were listening to classical music and even to live broadcasts of performances from the Salzburg Festival. The transmitter on the Stubenring also aired a special 'adult education programme,' but in 1925 it was decided that the station should be relocated to a hill on the outskirts of Vienna, the Rosenhügel, where it began operation in 1926 and where the history of Austrian radio was to continue.

LITERARY INTERMEZZO

For a brief period of time, the Government Building on Stubenring was host to one of the foremost representatives of Austrian contemporary literature. The writer Robert Musil worked as an expert advisor on psychology to the State Office (= Ministry) of Military Affairs. His desk was in a room at the rear of the building. Musil, who worked under a contract concluded with the State Secretary of Military Affairs, Julius Deutsch, appreciated the more pleasant aspects of his position. He wrote his manuscripts on the printed forms of the ministry, using one of the ministry's typewriters. In addition to Musil's personal war experience, the atmosphere in this military

Literat am Stubenring.
Dem Schriftsteller Robert Musil (1880–1942) wird das Kriegsministerium für kurze Zeit zur beruflichen Zwischenstation und beflügelt seine literarische Produktion.

One of the great figures of Austrian literature on the Stubenring. To the author Robert Musil (1880–1942) his position at the War Ministry became a brief interlude and lent wings to his literary output.

– auch auf die literarische Phantasie des Schriftstellers und findet in der Figur des Generals Stumm von Bordwehr satirisch Eingang in seinen epochalen Roman „Der Mann ohne Eigenschaften". Musil beginnt 1921 mit der Arbeit am ersten Band seines bedeutenden Romans. Die Arbeitsstelle im Staatsamt für Heerwesen war wichtig für Musil, deren Verlust Anfang 1923 trifft den Schriftsteller hart.

ERNEUT HERRSCHT KRIEG

Bis Oktober 1938 bleiben die zivilen Ämter noch im Gebäude des ehemaligen Kriegsministeriums untergebracht. Nach dem „Anschluß" 1938 müssen diese Ämter alle dem Wehrkreiskommando XVII der Nationalsozialisten weichen. Unter den Vorzeichen einer Diktatur erhält das Gebäude noch einmal seine alte Ursprungsbestimmung zurück, der Krieg hält erneut Einzug am Stubenring.

affairs ministry had considerable impact on the literary imagination of the author and is satirically reflected in the figure of General Stumm von Bordwehr in Musil's epochal novel 'The Man Without Qualities'. In 1921, Robert Musil began to work on the first volume of his vast novel. The position in the State Office of Military Affairs was of great significance to Musil, who suffered a heavy blow when he lost it early in 1923.

WAR AGAIN

Until October 1938 the civil offices remained in the building of the former War Ministry. However, following the 'Anschluss' in March 1938, these offices later had to make way for the Wehrkreiskommando XVII (military district command XVII) of the Nazis. Under the ill omen of dictatorship the building was rededicated to its original function, and the portent of war thus returned to the Stubenring.

NATIONALSOZIALISTISCHES REGIME AM STUBENRING

NATIONAL SOCIALIST REGIME ON STUBENRING

Carl Szokoll ist leitender Offizier im Wehrkreiskommando XVII, als er gemeinsam mit Mitverschwörern in der sogenannten „Operation Radetzky" den Versuch unternimmt, gegen Kriegsende die fatalen nationalsozialistischen Verteidigungspläne für Wien im März 1945 durch eine Botschaft an die herannahenden Sowjets zu vereiteln. Das Wehrkreiskommando, für das der Offizier Szokoll bis dahin arbeitet, befindet sich seit 1938 am Stubenring. Das ehemalige Kriegsministerium zählte zu den ersten Gebäuden, die von den einmarschierenden deutschen Wehrmachtstruppen eingenommen werden.

STRATEGIE UND WILLKÜR

Was in der älteren Bevölkerung als „Wehrmachtskommando" durchaus ein Begriff ist, fand in der Literatur lange kaum Erwähnung. Nationalsozialisten am Stubenring – eine Fehlanzeige? Doch erlaubt der Stand der Forschung inzwischen einen informierten Blick auf das Geschehen. Der Stubenring war nichts weniger als eine Bastion des NS-Regimes in Österreich. Durch den „Anschluß" Österreichs an das Deutsche Reich wird das ehemalige

Carl Szokoll was a commanding officer in the Wehrkreiskommando XVII (military district command XVII) when in March 1945, at the end of World War II, together with fellow conspirators in 'Operation Radetzky', he attempted to frustrate the fatal Nazi defence plans for Vienna by sending a message to the approaching Soviet army. Officer Szokoll's district command had been accommodated on Stubenring since 1938, as the former war ministry was one of the first buildings to be occupied by the arriving German Wehrmacht troops in 1938.

STRATEGY AND ARBITRARY JUSTICE

What older Viennese still remember as the 'Wehrmacht command' is seldom if ever referred to in literature on the topic. Nazis on Stubenring – impossible? The current state of research now enables us to cast an informed glance at those events. The Government Building on Stubenring was nothing less than a bastion of the Nazi regime in Austria. With the Anschluss, Austria's union with the German Reich, the former War Ministry once more became a place from which war was planned and executed, this time in the service of

Kriegsministerium so erneut zum Ort, von dem aus Krieg geplant und durchgeführt wird, diesmal in Diensten eines verbrecherischen Regimes. In den Mauern, in denen einst Kollegen aus der gesamten Monarchie gemeinsam Dienst versahen, wird nun dem Einmarsch in die Tschechoslowakei und sogar dem Überfall durch die deutsche Wehrmacht auf Polen zugearbeitet.

ZENTRUM DER WEHRMACHTSJUSTIZ

Vor allem als Zentrale der NS-Wehrmachtsjustiz schreibt das ehemalige Kriegsministerium unrühmliche Geschichte. Von hier aus, wie der junge Politologe Mathias Lichtenwagner untersucht hat, geschieht der organisatorische und ideologische Aufbau der NS-Militärjustiz für die gesamte „Ostmark", wie Österreich während der NS-Zeit hieß. Nach und nach ziehen immer mehr Verwaltungs- und Stabstellen der Wehrmacht und der NSDAP am Stubenring ein. Verschiedene NS-Gerichte verteilen sich auf drei Stockwerke, der Platzbedarf ist enorm. Gebaut für den Krieg, ist die kurze demokratische Phase des Hauses nun vergessen. Am Stubenring wird bis zur Einnahme Wiens nationalsozialistische Militärjustiz, Terror und Willkür ausgeübt. Auch der legendäre Widerstand der Offiziere kann nicht vergessen machen, wie viel Unrecht in den Kriegsjahren von diesem Ort ausgegangen ist.

a criminal regime. Walls, within which civil servants from all over the monarchy had once worked together, were now housing new occupants who helped prepare the invasion of Czechoslovakia and the Wehrmacht's assault on Poland.

CENTRE OF WEHRMACHT JUDICIARY

As the headquarters of the military justice system of the Wehrmacht, the former War Ministry contributed its own chapter to an inglorious history. As researched by the young political scientist Mathias Lichtenwagner, this was the place where the Nazi military justice system of the entire Ostmark, as Austria was called during the National Socialist (NS) regime, received its organisational and ideological make-up. Gradually, an increasing number of administrative and command centres of both the Wehrmacht and the NSDAP (National Socialist German Workers Party, the 'Nazis') were transferred to Stubenring. NS courts of justice demanded and occupied space over three entire storeys. Built for war, the building returned to its original purpose. Its brief period of democratic rule was forgotten. NS military justice, terror and arbitrariness ruled on Stubenring until the fall of Vienna to the advancing Russians in April 1945. Not even the attempt at resistance to the Nazi regime by officers – now legendary in Austrian history – can obliterate the injustice which originated in this building during World War II.

Der Marmorsaal gibt den Rahmen, als 1938 Generäle des österreichischen Bundesheeres in die Wehrmacht übernommen und vereidigt werden. Später dient der illustre Saal als Verhandlungssaal der vor Ort ansässigen NS-Militärgerichte.

———————

The Marble Hall provides the background for a ceremony in which the generals of the Austrian federal army swear their allegiance to the German Wehrmacht (1938). Later the illustrious hall served as a courtroom of the NS military courts housed in this building.

Soldaten der Wehrmacht im Jahr 1938 vor dem ehemaligen Kriegsministerium.

Soldiers of the Wehrmacht in front of the former War Ministry in 1938.

III.

ZWEITE REPUBLIK UND WIEDERAUFBAU
THE SECOND REPUBLIC AND RECONSTRUCTION
(1945 – 1954)

EIN HAUS FÜR DEN FRIEDEN –
WIEDERAUFBAU UND SANIERUNG

A SITE FOR PEACE – RECONSTRUCTION
AND REFURBISHMENT

Einen bizarren Anblick bietet das Regierungsgebäude nach Kriegsende. Ausgebrannt, rußgeschwärzt, ohne Dach und mit freigelegten Giebeln erweckt das massive Gebäude einen seltsam fragilen Eindruck. Die prächtigen Dachkuppeln auf den Seiten- und Eckrisaliten sind zerstört. Die den „Sieg" und den „Kampf" symbolisierenden Giebelskulpturen von Hans Bitterlich haben die Zerstörung überstanden, fast surreal ragen sie in den Luftraum, wo einmal das Dach gewesen war. Wie von Geisterhand gehalten schwebt der Wappenadler über der Ringstraße. Ein tagelang wütender Brand nach Explosion einer Munitionskammer ist die Hauptursache der Zerstörungen. Ein Wiederaufbau steht anfangs in Frage, die ausgedehnte Ruine bereitet den Experten Kopfzerbrechen. Das Gebäude abreißen? Städtebaulich undenkbar – die Baulücke hätte die Ringstraße am Ende des Stubenrings unschön aufgerissen. Die Stahlbetondecken wären nur mit höchstem Aufwand abzutragen gewesen, der sperrige Demolierungsschutt schwer zu entsorgen – eine ungeheure Verschwendung in Zeiten des bitteren Baustoffmangels! Die aufwendige Demolierung der erst-

The Government Building was a bizarre sight after the end of World War II. Gutted by fire, blackened with soot, its roof gone and its gables exposed, the massive building made a curiously fragile impression. The magnificent roof domes on the lateral and corner projections were destroyed. The unscathed gable sculptures of 'Victory' and 'Battle' by Hans Bitterlich jutted out into the air, a surreal reminder of where the roof had once been. As if held by an unseen hand, the enormous heraldic eagle seemed to hover above the Ringstrasse. A fire raging for days after the explosion of an ammunition room was the main reason for this havoc. The possibility of reconstructing the building seemed more than dubious. Experts were uneasy about what to do with the huge ruins. Should the entire building be demolished? Unthinkable – wrecking would have created an unsightly urban gap on the Ringstrasse at the end of the Stubenring section. Huge efforts would have been needed to remove the reinforced concrete floor slabs, while removal of the vast quantities of debris would have created major problems and been an enormous waste at a time when the city was in bitter need of building materials. Hence demolishing the first-class substance of the original building and construction

Das Regierungsgebäude im Jahr 1952, die Dacheindeckung ist noch im Gange. Die kostspieligen Kuppelaufbauten der Vorkriegszeit werden nicht mehr errichtet. An ihrer Stelle gibt nun ein schlichtes Satteldach dem Gebäude seine strenge und ruhige Silhouette.

The Government Building in 1952, with roofing work still ongoing. The costly cupolas, which had adorned the roof in pre-war times, were not rebuilt. They are now replaced by a simple gable roof, which gives the building its present austere and peaceful silhouette.

Er setzt das Werk seines Vaters fort.
Eugen Ceipek Mitte der 1950er Jahre.
Unentbehrlicher Experte und maßgeblicher
Schrittmacher im Wiederaufbau so markanter
Gebäude der Stadt Wien, wie der Staatsoper,
den Bundestheatern, der Albertina und des
Regierungsgebäudes.

He continues his father's work: Eugen Ceipek
in the mid-1950s. An indispensable expert
and significant pace setter for post-war
reconstruction activities on landmarks of the
City of Vienna, such as the State Opera, the
federal theatres, the Albertina museum and this
Government Building.

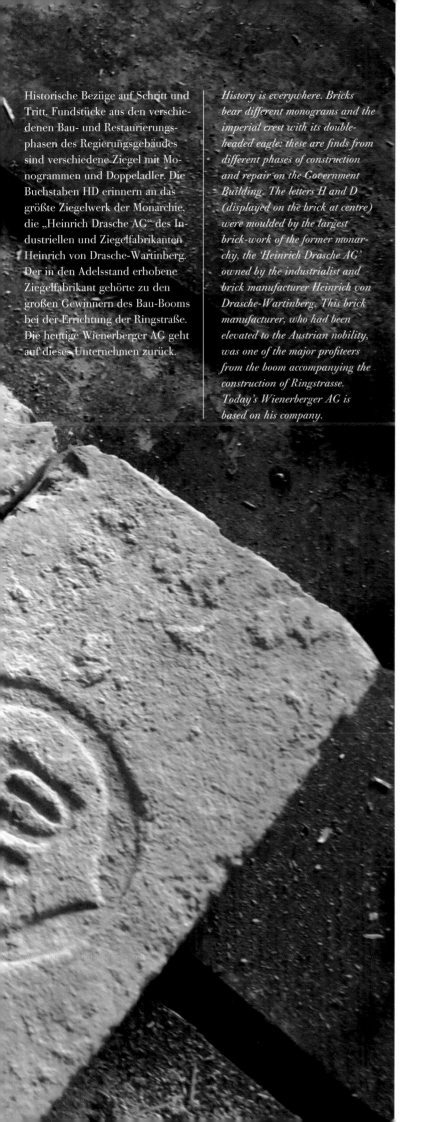

Historische Bezüge auf Schritt und Tritt. Fundstücke aus den verschiedenen Bau- und Restaurierungsphasen des Regierungsgebäudes sind verschiedene Ziegel mit Monogrammen und Doppeladler. Die Buchstaben HD erinnern an das größte Ziegelwerk der Monarchie, die „Heinrich Drasche AG" des Industriellen und Ziegelfabrikanten Heinrich von Drasche-Wartinberg. Der in den Adelsstand erhobene Ziegelfabrikant gehörte zu den großen Gewinnern des Bau-Booms bei der Errichtung der Ringstraße. Die heutige Wienerberger AG geht auf dieses Unternehmen zurück.

History is everywhere. Bricks bear different monograms and the imperial crest with its double-headed eagle: these are finds from different phases of construction and repair on the Government Building. The letters H and D (displayed on the brick at centre) were moulded by the largest brick-work of the former monarchy, the 'Heinrich Drasche AG' owned by the industrialist and brick manufacturer Heinrich von Drasche-Wartinberg. This brick manufacturer, who had been elevated to the Austrian nobility, was one of the major profiteers from the boom accompanying the construction of Ringstrasse. Today's Wienerberger AG is based on his company.

klassigen Gebäudesubstanz ließ so erst gar nicht an einen Neubau denken.

VOM VATER AUF DEN SOHN

An all diesen Überlegungen lässt ein Mann uns teilhaben, der von Jugend an mit dem Gebäude vertraut ist. Ministerialrat i.R. Dipl.-Ing. Eugen Ceipek (Jahrgang 1888) und Sohn des ehemaligen Bauleiters, verantwortet den Wiederaufbau. Er selbst hat diese Zeit in einem Aufsatz penibel dokumentiert. Ceipek war nach dem Krieg im „Staatsamt für öffentliche Bauten, Übergangswirtschaft und Wiederaufbau" tätig. Das Wiederaufbauprojekt Regierungsgebäude forderte den erfahrenen Bauingenieur in den Jahren

of a new one could not be considered a serious option.

FROM FATHER TO SON

All these considerations were recorded by a man who had been familiar with the building since his youth: Eugen Ceipek (born 1888), charged with the reconstruction, was a civil servant, engineer and the son of the original site manager. In an essay he documented the developments of those days in great detail. After World War II, Ceipek worked for what was called at that time the Government Office of Public Buildings, Economic Transition and Reconstruction. The project of reconstructing the Government Building kept the experienced civil engineer occupied from 1946 to 1952. A good 24,000m³ of rubble were

Typisches Beispiel für die Einrichtung eines Zimmers aus dem Biedermeier mit geschlossenem Originalensemble.

Typical example of the original Biedermeier-style furnishings of one of the rooms.

von 1946 bis 1952. Gut 24.000 m³ Schutt sind abzutragen, Munitionsreste müssen aufgespürt werden. Vorübergehend beherbergt das Haus in seinen unzerstörten Bereichen Flüchtlinge, viele von ihnen packen als Hilfs- und Facharbeiter gleich mit an. Das Altkupfer wird neu ausgewalzt, Heizkörper abmontiert, Mobiliar in Erwartung der langen Bauzeit entfernt. Die Wiederinstandsetzung hat vor allem das Ziel, aus dem Altbau ein möglichst neuwertiges Haus zu machen. So erlaubt ein zusätzliches fünftes Geschoß die Verbindung der Mittelmansarden. Die innere Aufstockung in zwei Geschossen schafft 120 neue Büros. Der nunmehr unzeitgemäße Spruch „Si vis pacem, para bellum" („Wenn Du den Frieden willst, rüste zum Krieg.") an der rückseitigen Fassade des fünften Stockwerkes weicht einer Reihe von Fenstern, das Tageslicht erlaubt die Schaffung wertvoller Büroflächen. Die rund 15 Wohn-, Arbeits- und Repräsentationsräume der ehemaligen Dienstwohnung des Kriegsministers werden zu neun unterschiedlich großen Sitzungssälen umgestaltet, Empfänge, Kongresse und Veranstaltungen in einem Haus reger politischer Tätigkeit sind nun möglich. Selbst ein beeindruckendes Exempel des Wiederaufbaues, beherbergt das Haus an der Schwelle zum „Wirtschaftswunder" nun das Sozialministerium, das Ministerium für Land- und Forstwirtschaft sowie das Ministerium für Handel und Wiederaufbau.

to be removed, ammunition remaining from the war was to be identified. Those sections of the building which had not been destroyed were assigned to refugees for their transitional housing, and many of these refugees were more than willing to help as unskilled or skilled labourers. Copper scrap was rolled out, radiators were dismantled and, since reconstruction was expected to last for a number of years, furniture was removed. Rebuilding was primarily aimed at turning the existing structure into a building which would meet modern demands. A fifth floor was added providing a link between the central garrets. Two storeys were added to the inner tracts of the building, thereby creating 120 new offices. The motto 'Si vis pacem, para bellum' (if you desire peace, prepare for war) – now deemed no longer suitable – originally inscribed on the fifth floor of the rear façade, made way for a row of windows which let in sufficient daylight for the creation of much-needed additional office space. The fifteen living, working and state rooms of the former official residence of the War Minister were converted into nine meeting rooms of different sizes, thus providing space for receptions, conferences and other events in a building of bustling policy-making activity. An impressive example of reconstruction in itself, the building offered accommodation to the Ministry of Social Affairs, the Ministry of Agriculture and Forestry as well as the Ministry of Trade and Reconstruction when it was reopened on the threshold of the post-war 'economic miracle'.

DIE VERWALTUNG
DES WIEDERAUFBAUS

ADMINISTRATION
OF RECONSTRUCTION

Das heutige Bundesministerium für Wirtschaft, Familie und Jugend hat in seiner mehr als 160 Jahre währenden Geschichte vielfältige, umfangreiche und wichtige Aufgaben für sein Land erfüllt. Es ist jenes Ministerium in der Bundesregierung, das die Agenden der Wirtschaftspolitik Österreichs innehat und damit eine bedeutende Rolle an der wirtschaftlichen Entwicklung Österreichs einnimmt. Besonders groß ist die Bedeutung der Verwaltungsbehörde nach dem Ende der Monarchie und im Wiederaufbau der 2. Republik.

Nach dem Ende des Ersten Weltkriegs und dem Zerfall der österreichisch-ungarischen Monarchie steht der verbleibende Rest Österreichs wirtschaftlich vor großen Problemen. Nach dem Verlust großer Gebiete mit fruchtbarem Boden, großen Vorkommen an Bodenschätzen samt der dort angesiedelten Industrie, verlor das Österreich der 1. Republik nach der Auflösung des praktisch autarken Wirtschaftssystems der Monarchie den Anschluss an die Wirtschaftsentwicklung anderer Staaten der westlichen Welt. Zudem wurde in den Kriegsjahren nur wenig investiert, dementsprechend veraltet waren die Produktionsstätten.

During its 160 years of history, today's Federal Ministry of Economy, Family and Youth (BMWFJ) has performed a great variety of extensive and significant functions for the country it serves. In its position as a ministry of the federal government, it is responsible for Austria's economic policy and thus plays a key role in the country's economic development. The importance of the tasks assigned to this administrative authority was of great consequence for the country after the end of the monarchy and again during the period of reconstruction in the Second Republic.

After the end of World War I and the collapse of the Austro-Hungarian Monarchy, the Austrian rump state faced huge economic problems. Having lost vast areas of fertile land and abundant mineral resources, as well as the associated industries, the First Republic of Austria was unable to keep pace with the economic development of other countries of the western world after the breakdown of the virtually self-sufficient economic system of the Danube Monarchy. Moreover, investment during the war years had been scarce, resulting in outdated production facilities.

Alongside the need for structural changes in production, the new republic

Zu diesen strukturellen Änderungen der Produktionsbedingungen kamen nach dem Ende des Ersten Weltkrieges die von Not und Armut geprägten Lebensbedingungen der Menschen. Die fortschreitende Geldentwertung führt zu einer Erhöhung der Lebenshaltungskosten und diese wiederum zu Lohnkämpfen und Streiks. 1922 schließlich gelang es der österreichischen Regierung von den Staaten des Völkerbundes finanzielle Hilfe zu erhalten. Eine Völkerbundanleihe in Höhe von 650 Millionen Goldkronen bringt Stabilität und Vertrauen in die österreichische Wirtschaft und das Währungssystem zurück. Schon wenig später belebt sich die Industrieproduktion, wird aber durch die einsetzende Weltwirtschaftskrise Ende der 1920er Jahre neuerlich eingebremst.

Schon in diesen Jahren (1924–1938) war der Sitz des Bundesministeriums für Handel und Verkehr, wie es damals hieß, das ehemalige k.u.k. Kriegsministerium. Nach dem Anschluss Österreichs an Nazi-Deutschland muss das Ministerium den Behörden der Wehrmacht und der NS-Militärgerichtsbarkeit weichen. Erst im Jahr 1952 ist die Sanierung des von Bombenschäden gezeichneten Hauses abgeschlossen und das damalige Bundesministerium für Verkehr und staatliche Betriebe kann wieder in das Haus einziehen.

Nach dem Zweiten Weltkrieg ist der Wiederaufbau Österreichs entscheidend mit dem Schlagwort Marshallplan

also had to address the dismal conditions of many of its citizens who were living in poverty and destitution after the end of World War I. Progressive depreciation of the Austrian currency led to an increase in the cost of living and this, in turn, led to strikes and struggles for better wages. In 1922, the Austrian government finally succeeded in obtaining financial support from the member countries of the League of Nations. With a loan from the League of Nations totalling 650 million gold crowns, stability and confidence returned to the Austrian economy and its monetary system. Soon afterwards, industrial production began to pick up speed only to be slowed down by the world economic crisis in the late 1920s.

Between 1924 and 1938, the headquarters of the Federal Ministry for Trade and Transport, as it was then called, was already accommodated in the building of the War Ministry of the now defunct monarchy. After Austria's Anschluss with Nazi-Germany, the ministry had to make way for offices of the Wehrmacht and the NS military courts. Repairs to the damages inflicted on the building by shelling during World War II were finally completed in 1952, the year in which the then Federal Ministry of Transport and State Enterprises was able to return to its former location.

Reconstruction of Austria in the aftermath of World War II is inextricably linked with the Marshall Plan. The European Recovery Program (ERP), as the Marshall Plan was officially called,

verbunden. Im Rahmen des unter diesem Namen bekannt gewordenen US-Hilfsprogramms European Recovery Program (ERP-Fonds) wurden ab 1948 vor allem Lebensmittel und Brennstoffe in das vom Krieg gezeichnete Land gebracht. Sogenannte Care Pakete sicherten vielen Menschen das nackte Überleben. Etwa ab 1950 verlagerte sich die Hilfe auf Investitionsgüter wie Traktoren und Maschinen. In der letzten Phase des Programms floss Geld in Grundstoffindustrie, Energieversorgung, Exportindustrie und den Fremdenverkehr. Insgesamt erhielt Österreich bis in das Jahr 1953 mehr als 900 Millionen US-Dollar aus dem ERP-Programm. Als eine Besonderheit gilt dabei, dass auch die Menschen und Betriebe in der russischen Besatzungszone von den Geldern des ERP-Fonds profitieren konnten. Die Ausläufer dieser amerikanischen Strukturhilfe sind noch heute lebendig. Ende 1954 wurde im Bundesministerium für Handel und Wiederaufbau, der Gesellschaftsvertrag des „Bürgschaftsfonds der Kleingewerbekreditaktion des Bundesministerium für Handel und Wiederaufbau Ges.m.b.H.", der heutigen Förderungsbank AWS, beschlossen.

In diese Zeit fallen auch Maßnahmen zur Konsumbelebung durch die Senkung der Einkommenssteuer, die Belebung des Tourismus und die Ära der Sozialpartnerschaft, die in den folgenden Jahrzehnten ein stabiles Umfeld für das noch kleine Pflänzchen Nachkriegswirtschaft bilden wird.

was an aid programme launched by the US government to help the countries of war-torn Europe. Under this programme, food and fuels were brought to Austria from 1948 onward. The so-called 'CARE parcels' ensured the very survival of many citizens of this country. Around 1950 the focus of aid shifted to capital goods, such as tractors and machinery. In the last phase of the programme, funds were directed at restoring basic industries, energy supply, export industry and tourism. Austria was the recipient of more than 900 million US dollars in ERP aid until 1953. A special feature was that ERP funding also extended to persons and operations located in the Russian-occupied zone of Austria. The consequences of this form of structural assistance by the USA are felt to this very day. In late 1954, the Federal Ministry of Trade and Reconstruction adopted the shareholders' agreement of the 'Bürgschaftsfonds der Kleingewerbekreditaktion der Bundesministerium für Handel und Wiederaufbau Ges.m.b.H.', today's Förderungsbank AWS, i.e. the institution providing money under state-funding programmes.

During this same period of time, policy measures were taken to stimulate tourism and boost consumption by reducing income tax rates, while a burgeoning system of social partnership provided the kind of stable environment necessary if the Austrian post-war business and industry were to flourish.

Bildleiste unten, von links:

Die Konjunktur kommt in Schwung, das Wirtschaftswunder verändert den Alltag der Menschen. Sommerschlussverkauf auf der Mariahilfer Straße, 1954.

Marshall-Plan auf Rädern. ERP-Wanderausstellung im sogenannten Europa-Zug, der mit 5 Waggons durch Österreich tourt. Hier am Bahnhof Hauptzollamt Wien, 2. Von links Bundeskanzler Leopold Figl mit den US-amerikanischen Organisatoren, 1952.

Bottom row of pictures, from left to right:

Business activity begins to bustle: the post-war 'economic miracle' changes people's daily lives. Summer sale in one of Vienna's main shopping streets, Mariahilfer Strasse, 1954.

The Marshall Plan on wheels. Travelling exhibition of the ERP in the five-car 'Europe Train', which toured Austria. The photo pictures its stopover at the Hauptzollamt (Main Customs Office) Station in the second district of Vienna. From left: Federal Chancellor Leopold Figl with the US organisers, 1952

Hier werden seit 1952 wichtige wirtschaftspolitische Weichen für die Republik Österreich und ihre Bürger gestellt. Das Büro des Wirtschaftsministers.

Office of the Minister of Economy: the course of economic policy for Austria and its citizens has been set from this very room since 1952.

IV.
IN DER GEGENWART ANGEKOMMEN
(1954 BIS HEUTE)
MOVING FORWARD TO THE PRESENT
(FROM 1954 TILL NOW)

DAS KULTURHISTORISCHE ERBE DER MONARCHIE BEWAHREN

MAINTAINING THE CULTURAL-HISTORIC HERITAGE OF THE MONARCHY

Der den Stubenring dominierende, mächtige Neo-Barockbau des Regierungsgebäudes stellt eine permanente Herausforderung in der Instandhaltung dar. Eine zeitgemäße Nutzung und die Anforderungen des Denkmalschutzes müssen in Einklang gebracht werden. Wo heute gleich vier Ministerien wichtige Sachpolitik leisten, ergeben sich laufend neue Wünsche und Änderungen an das Gebäude. Doch die hervorragende ursprüngliche Struktur des Gebäudes ist so zeitlos angelegt, dass der Nutzungskomfort auch für uns Zeitgenossen sehr hoch ist. Bis heute bewährt sich die historische Grundrissanordnung der gut tausend Büros und Nutzräume im sogenannten „Korridorsystem". Die Erbauer legten Wert auf einfache Trakte mit einer Reihe von Zimmern und dahinter liegendem Korridor, was Mitarbeiter und Besucher bis heute mit ausreichend Tageslicht und einer leichten Orientierung im Haus erfreut.

Doch bezieht sich „Substanz erhalten" nicht nur darauf, das Raum- und Nutzungskonzept weiterzuentwickeln. Substanz erhalten bedeutet vor allem, mit dem kunst- und kulturgeschichtlichen Erbe des Hauses angemessen umzugehen.

The huge neo-Baroque Government Building which dominates Stubenring presents a permanent challenge to maintenance, while demanding that present-day use and the requirements of monument preservation be balanced within the same framework. Any building in which four ministries conduct their respective tasks and obligations to the nation is subject to constantly changing practical demands and requirements. However, its excellent original structure is agelessly efficient and has proven its value into our own era as well. The historical layout for roughly one thousand offices and other spaces, the so-called 'corridor system', has stood the test of time. The builders attached great importance to a pattern of design which consisted of basic tracts accommodating a series of rooms linked to rear corridors, thus providing sufficient daylight and ease of orientation within the huge building to employees and visitors alike.

However, 'conservation of original fabric' not only involves appropriate modernisation of the interior and its use. In particular, this conservation policy refers to our responsibility for appropriate management of the cultural and historical heritage of the building.

Die Soldatenköpfe des Bildhauers Wilhelm Hejda (1868–1942) sollten ursprünglich an die ruhmreiche Zeit der altösterreichischen Armee erinnern. Sie wurden nach Vorlagen von Adjustierungsbildern aus dem Kriegsarchiv modelliert und gefertigt. Im Bild (von links) der Kopf eines Ulanen sowie der eines Infanteristen.

Wilhelm Hejda's (1868–1942) sculpted heads of soldiers were originally meant as a reference to the glorious era of the Imperial Austrian Army. They were modelled and made after pictures of dress uniforms from the war archives. Pictured (from left) the head of an Uhlan and of an infantryman.

BILDPROGRAMM
AUS DER MONARCHIE

Drei Dinge bestimmen das Bildprogramm am Stubenring – das Radetzky-Denkmal vor der Frontmitte des
Gebäudes, die interessanten Schluss-
stein-Soldatenköpfe bei den Hochpar-
terrefenstern und natürlich der kolossa-
le Doppeladler auf der Mitte der Attika.
Waffen und Trophäen in den Fängen,
symbolisiert der Adler die bewaffnete
Macht eines untergegangenen Reiches.
Restauratoren haben in den 1990er
Jahren die Schäden aus dem Zweiten
Weltkrieg beseitigt und den Adler so
ins neue Jahrtausend hinübergerettet.
Sowohl das Radetzky-Denkmal als auch
der Doppeladler sind mit besonderer
Bedeutung aufgeladen und wir erfah-
ren bei näherer Betrachtung viel über
die Geschichtspolitik der ausgehenden
österreichisch-ungarischen Monarchie.
Dazu mehr in den folgenden beiden
Bildessays.

IMAGERY
FROM THE MONARCHY

*Three elements define the imagery of the
Government Building on the Stubenring:
the equestrian statue of Radetzky in front
of the central main entrance; the histori-
cally interesting keystones, symbolising
the heads of soldiers keeping watch from
above the elevated ground-floor windows;
and third, the colossal double-headed eagle
looking down from the centre of the roof
pediment. Holding weapons and tro-
phies in its claws, the eagle symbolises the
armed power of a now-fallen empire. In
the 1990s restorers removed the damage
sustained in World War II, thus preserving
the eagle for the new millennium. Both the
Radetzky Monument and the double-headed eagle are imbued with special significance. A closer look at them tells us much
about history and politics in the final days
of the Austro-Hungarian Monarchy. For
more details please refer to the following
two texts accompanying the pictures.*

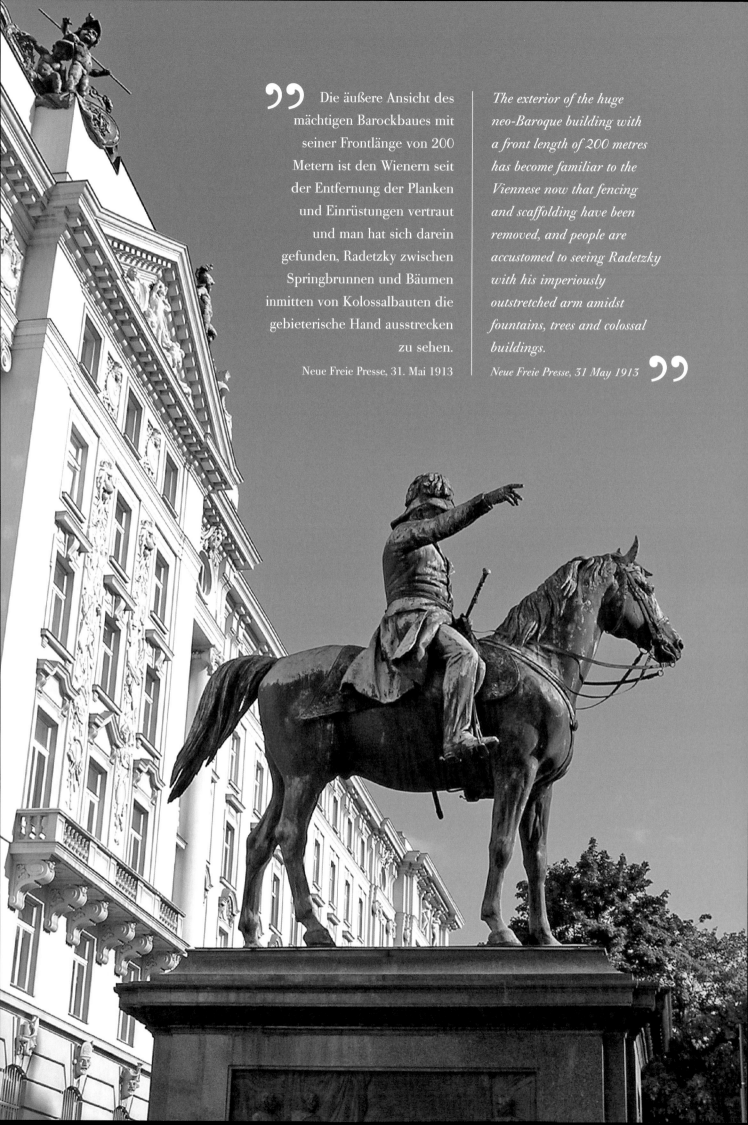

„ Die äußere Ansicht des mächtigen Barockbaues mit seiner Frontlänge von 200 Metern ist den Wienern seit der Entfernung der Planken und Einrüstungen vertraut und man hat sich darein gefunden, Radetzky zwischen Springbrunnen und Bäumen inmitten von Kolossalbauten die gebieterische Hand ausstrecken zu sehen.

Neue Freie Presse, 31. Mai 1913

The exterior of the huge neo-Baroque building with a front length of 200 metres has become familiar to the Viennese now that fencing and scaffolding have been removed, and people are accustomed to seeing Radetzky with his imperiously outstretched arm amidst fountains, trees and colossal buildings.

Neue Freie Presse, 31 May 1913 „

Das Denkmal.
Errichtet 1892 vom
Akademischen Professor
Caspar von Zumbusch
(1830–1915).
Enthüllung am
24. April 1892, dem
Jahrestag der Hochzeit
des Kaiserpaares, vor
dem alten Kriegs-
ministerialgebäude
„Am Hof". Es zeigt den
Feldmarschall Graf
Radetzky in seiner
Uniform „zu Pferde, wie
auf dem Schlachtfeld
haltend, den Kampf
überschauend und
lenkend", so der
Künstler selbst.
Stufenpodest: Lim-
berger Granit;
Postament: dunkelroter
schwedischer Granit;
Figuraler Teil und
Inschriften: Bronze;
2 Reliefs auf den
Längsseiten.

*The Monument.
Erected in 1892 by
Art Academy Professor
Caspar von Zumbusch
(1830–1915). Unveiled
on 24 April 1892,
the anniversary of the
wedding of the Emperor
and Empress, in front
of the old War Ministry
on the Square Am Hof.
It depicts Field Marshall
Count Radetzky in his
uniform 'on horseback,
holding the reins as
though on the battlefield
overlooking and directing
action', said the artist.
Stepped pedestal: granite
from Limberg/Austria;
base: dark-red Swedish
granite; figural part and
inscriptions: bronze; two
reliefs along the lengths
of the pedestal.*

DER EHERNE REITER
AM STUBENRING

THE BRONZE HORSEMAN
OVERLOOKING
THE STUBENRING

Hoch zu Ross begrüßt uns sei-ne Gestalt bis heute. Die rechte Hand gebieterisch erhoben, fordert der eherne Reiter am Stubenring unsere Aufmerksamkeit. Will er uns bedeuten, nicht achtlos an ihm vorüber zu gehen? Gut zweihundert Jahre österreichische Geschichte sind ihm eingeschrieben. So gesehen ist das bekannte Monument das Denkmal eines Denkmals, ist seiner ursprünglichen Absicht längst entwach-sen und heute ein geschichtsträchtiges Kulturdenkmal der Bundeshauptstadt Wien. Der Name Radetzky weckt Asso-ziationen – an den Radetzky-Marsch, der Jahr für Jahr das weltweit über-tragene Neujahrskonzert der Wiener Philharmoniker feierlich beschließt oder auch an Joseph Roths berühm-ten gleichnamigen Generationen-Ro-man über den Untergang der Donau-monarchie. Doch was wissen wir über den berühmten Namensträger selbst?

Das imposante Reiterstandbild vor dem Haupteingang zum Regierungsge-bäude wurde seinerzeit im Jahr 1892 zu Ehren von Johann Joseph Wenzel Graf Radetzky von Radetz (1766–1858) errichtet, im Jahr 1912 wurde es an den Stubenring übertragen. Es

This equestrian statue greets us to this very day. With his right arm raised imperiously, the bronze horseman on Stubenring commands our attention. Does he want to tell us that we should not pass by him heedlessly: this figure representing a good two hundred years of Austrian history? If seen this way, the well-known statue is actually a monument to a monument. It has long outgrown its original purpose and has become a cultural property of historic dimensions for Vienna, the federal capital of Austria. The name Radetzky evokes associations: of the Radetzky March played every year as the festive finale of the New Year's Day Concert broadcast the world over, or of Joseph Roth's famous multi-generational epic novel of the same title on the demise of the Habsburg Monarchy. But what do we know about the famous namesake himself?

The imposing equestrian statue in front of the main entrance to the Government Building was originally created in 1892 in honour of John Joseph Wenceslaus, Count Radetzky of Radetz (1766–1858) and moved to its current Stubenring location in 1912. It is a typical example

ist in der Tradition des Reiterstandbildes ausgeführt, einer althergebrachten Denkmalsform, die typisch ist in ihrer Glorifizierung von Heldentum, Krieg und militärischer Stärke. Nichts könnte uns also heute fremder sein. Doch war das Denkmal zu seiner Zeit ein „Statement" und Teil einer bewussten Erinnerungs-Strategie.

of the traditional equestrian statues, an ancient form of monument with its glorification of heroism, war and military might. Nothing could be more foreign to us today than this. But back in its days the monument was a political 'statement' and part of a deliberate strategy of memory.

EIN DENKMAL ALS POLITISCHES PROGRAMM

Die Titelseite der Neuen Freien Presse vom 14. April 1892 ist zur Gänze der feierlichen Enthüllung des Radetzky-Denkmals vor dem Gebäude des alten Reichskriegsministeriums „Am Hof" gewidmet. „Denn unsere Armee bedarf der lebendigen Erinnerung an die Ruhmestage Österreichs, wie unser Volk fortgesetzter Verlebendigung des Gedankens der Reichseinheit, deren kraftvoller Bekenner Radetzky in Wort und Tat gewesen ist", so das berühmte Blatt im Leitartikel. Gerade im letzten Jahrzehnt des 19. Jahrhunderts, als der Vielvölkerstaat der Donaumonarchie vom Nationalitätenstreit bereits zerrissen war, diente das Andenken an den Feldherren Radetzky den national-monarchistisch gesinnten Eliten, vor allem aber auch dem Militär zur Beschwörung der Einheit der österreichisch-ungarischen Doppelmonarchie. Der Rückgriff auf einen Helden, dessen harte Hand im Revolutionsjahr 1848

A MONUMENT AS PART OF A POLITICAL PROGRAMME

The ceremonial unveiling of the Radetzky Monument in front of the old Imperial War Ministry in the Square Am Hof took up the entire front page of Austria's leading liberal paper Neue Freie Presse of 14 April 1892. 'For our Army needs this memorial as a living reminder of Austria's glorious days, as our people need to continue to instil new life into the idea of unity of the empire, whose mighty advocate in word and deed Count Radetzky himself was', the highly regarded newspaper put forward in an editorial. In the last decade of the 19th century, when the multi-national Danube Monarchy was already torn by ethnic strife, the memory of Field Marshall Radetzky served the purposes of the national- and monarchist-minded elites, but yet even more so it served the army, by conjuring up the unity of the Austro-Hungarian Dual Monarchy. This recourse to a hero, whose heavy-handed action in the Revolutionary Year 1848 had crushed the Upper Italian revolt

Ovales Bild in der Mitte: Johann Joseph Wenzel Graf Radetzky von Radetz (1766–1858) in einem Porträt des Künstlers Georg Decker (1819–1894), um 1850. Bild unten: Das bekannte Gemälde von Albrecht Adam (1786–1862) zeigt uns „Radetzky vor Mailand 1848". Adam war ein bekannter Schlachten-Maler und nahm am Feldzug Radetzkys in Italien in den Jahren 1848/49 teil.

Oval picture in the centre: John Joseph Wenceslaus, Count Radetzky of Radetz (1766–1858) in a portrait by the artist Georg Decker (1819–1894), c. 1850. Bottom picture: the famous painting of Albrecht Adam (1786–1862) depicts 'Radetzky before Milan in 1848'. Adam was a well-known battle painter and accompanied Radetzky on his military campaign in Italy in 1848/49.

JOHANN JOSEPH WENZEL GRAF RADETZKY VON RADETZ
JOHN JOSEPH WENCESLAUS, COUNT RADETZKY OF RADETZ

wurde 1766 im böhmischen Trebnitz (heute Trebenice, Tschechische Republik) geboren und starb 1858 in Mailand (Italien). Er gilt als der erfolgreichste Heerführer Österreichs in der ersten Hälfte des 19. Jahrhunderts. Als Generalkommandant der kaiserlichen Armee im lombardo-venetischen Königreich sichert er durch seine Siege über die italienischen Unabhängigkeitsbestrebungen die österreichische Vorherrschaft in Oberitalien und Venedig und Radetzky wird sowohl zum verhassten Inbegriff der Gegenrevolution als auch zur Legende, zu der zwei Künstler maßgeblich beitragen. Johann Strauß Vater komponiert den Radetzkymarsch und der österreichische Dichter Franz Grillparzer huldigt Radetzky in seinem Heldengedicht „In deinem Lager ist Österreich".

was born in 1766 in Trebnice (now in the Czech Republic) and died in 1858 in Milan (Italy). He is regarded as one of the most successful military leaders of the Austrian Army in the first half of the 19th century. A General Commander of the Imperial Army in the Kingdom of Lombardy-Venetia, he secured Austrian dominance in Upper Italy and Venice owing to his victorious operations against Italian insurgents fighting for their independence from Austria. Thus, Radetzky became both the hated epitome of counter-revolution and the revered military legend. Two artists contributed to the latter: Johann Strauss, the Elder, composed the Radetzky March, and the Austrian writer Franz Grillparzer paid homage to Radetzky in his epic poem 'In deinem Lager ist Östereich'.

Zwei Reliefs auf der Längsseite, oben: Radetzky im Kriegsrat mit seinen Generälen Hess, Schönhals, d'Aspre, Wratislav und Thurn – unten: Radetzky nach Verkündigung des Waffenstillstands in Oberitalien am 12. 3. 1849, umjubelt von Soldaten aller Waffengattungen.

Two reliefs along the lengths of the pedestal, top: Radetzky at the War Council with his Generals Hess, Schönhals, d'Aspre, Wratislav and Thurn – bottom: Radetzky, being cheered by soldiers of all branches of the military, after the cease-fire was proclaimed in Upper Italy on 12 March 1849.

den italienischen Aufstand in Oberitalien gegen die österreichische Vorherrschaft niederschlug, war ein Signal des Zentralismus. Radetzky, der einst die Armee als das einzige Mittel gegen die Abspaltungstendenzen im Vielvölkerstaat gesehen hat, bezieht somit als Denkmal mit entsprechender Symbolik Stellung vor dem neu erbauten Kriegsministerium. Die geschichtspolitische Absicht des Denkmals kommt im Bildprogramm an den Längsseiten des Denkmalsockels klar zum Ausdruck. So

against Austrian dominance, was a clear signal of centralism. The monument to Radetzky, who viewed the army as the only means of preventing secessionist tendencies in the multi-ethnic state, was thus erected with a powerful symbolic subtext in front of the War Ministry. The political-historical message of the monument is clearly expressed in the programmatic imagery along the length of its pedestal. The relief on the left depicts Radetzky at the War Council in Upper Italy, whereas the one on the

Übersiedlung des Ehernen Reiters im Juli 1912.
Noch ist das künftige Kriegsministerium
eingerüstet, schon wird bereits das Radetzky-
Denkmal von seiner alten Stätte Am Hof an den
Stubenring verfrachtet und aufgestellt.

Relocation of the bronze horseman in July 1912.
Although the future War Ministry is still behind
scaffolding, the Radetzky Monument is moved
from its old site on the Square Am Hof to
Stubenring and positioned there.

zeigt das obere Relief Radetzky beim Kriegsrat in Oberitalien, unten den Feldherrn umjubelt von Soldaten.

NEUER STANDORT FÜR RADETZKY

Die Verlegung des Denkmals geschieht auf ausdrücklichen Wunsch des Thronfolgers Erzherzog Franz Ferdinand. Gleichsam als Symbol der Kontinuität, will Erzherzog Franz Ferdinand

right shows the Field Marshall amidst cheering soldiers.

NEW SITE FOR RADETZKY

The monument was relocated at the express request of Archduke Francis Ferdinand, heir presumptive to the Austro-Hungarian throne. Archduke Francis Ferdinand wanted to place the monument in front of the new War

Eine Konzertversion der Urversion macht alljährlich ihre Runde um die Welt – der Radetzky-Marsch von Johann Strauß (Vater) bildet traditioneller-weise den Ausklang des Neujahrskonzerts. Im Bild die Wiener Philharmoniker unter Dirigent Franz Welser-Möst im Jahr 2013.

A concert version of the original music goes around the world every year – the Radetzky March by Johann Strauss (the Elder) forms the traditional finale of the New Year's Day Concert in Vienna. The picture shows members of the Vienna Philharmonic Orchestra under the baton of Franz Welser-Möst in 2013.

das Denkmal auch vor dem neuen Kriegsministerium am Stubenring auf-gestellt wissen. Und so ist es eine der zentralen Anforderungen an die Ar-chitekten, das symbolträchtige Reiter-standbild harmonisch in das Gesamt-ensemble des Neubaus einzufügen.

Gerade war im Juli 1912 die Haupt-gleiche des Gebäudes erreicht und die Eisenbetondecke des vierten Stockes noch nicht fertig, da bezieht das Denk-mal bereits seine Position vor dem Haus. „Heute um 1 Uhr Nachts wurde das Radetzky-Denkmal von seinem al-ten Standorte ‚Am Hof' auf seinen neu-en Platz vor dem neu erbauten Gebäu-de des Kriegsministeriums überführt", vermeldet die Wiener Zeitung lapidar am 28. Juli 1912. Die monarchistische Symbolik verblasst mit dem Ende der Monarchie 1918, doch die Bezugnah-me auf die historische Figur und den klingenden Namen des Grafen Radetz-ky wird auch in den folgenden Jahr-zehnten in der politischen, wie auch der kulturellen Geschichte der Ersten und Zweiten Republik ihre Spuren hin-terlassen.

Ministry as a symbol of continuity. Hence, one of the key challenges for the architects was to integrate this highly symbolic equestrian statue into the overall ensemble of the new building.

It was moved to its current position in July 1912, at a moment when the last beam had only just been placed at the top of the building and the ferro-concrete ceiling of the fourth floor was still not finished. 'At one a.m. today, the Radetzky Monument was moved from its original site on the Square Am Hof to its present new location in front of the newly-built War Ministry', was the terse notice in the daily Wiener Zeitung of 28 July 1912. The symbolism of the monarchy faded with the collapse of the empire in 1918, but references to the historic figure and the resounding name of Count Radetzky were to leave traces in the following decades in the political as well as cultural history of the First and Second Republic of Austria.

Nur eines der runden Lukenfenster unter der Dachkante ist erleuchtet; der schwarze, zweiköpfige, mit Schwert und Zepter bewehrte Adler, am Tage beängstigendes, an das Obergeschoss genageltes Gespenst, erhebt sich mit zwei ausgreifenden Schwingen in die Sphäre der Dämonie: Raubvogel über Belgrad, Zenta, Aspern, Wagram, Lissa, Königgrätz, und wieder Belgrad, dem Isonzo, Siegesbote des Untergangs, Pfeil am Himmel, Vorgestalt apokalyptischen Endes.

Reinhold Schneider (1903–1958)

Only one of the small round windows under the roof edge is lit: armed with sword and sceptre, nailed to the upper storey, the black double-headed eagle, a ghost so frightening during the day, rises into the demonic sphere with its two wings spread out wide: a bird of prey over Belgrade, Zenta, Aspern, Wagram, Königgrätz, and back to Belgrade, Isonzo, victorious messenger of the downfall, arrow in the sky, harbinger of the apocalyptic finale.

Reinhold Schneider (1903–1958)

SVMMIS IMPERATORIS ET REGIS FRANCISCI JOSEPHI I. AVSPICIIS ANNO MCMXII AEDIFICATVM

UNTER DEN SCHWINGEN
DES DOPPELADLERS

———

UNDER THE WINGS
OF THE DOUBLE-HEADED
EAGLE

Der deutsche Schriftsteller Reinhold Schneider lebte vom November 1957 bis März 1958 in der Pension Arenberg am Stubenring 2. Von seinem Zimmer aus sah er direkt auf das ehemalige Kriegsministerium und auf den doppelköpfigen Adler, der ihm in seinen berühmt gewordenen Aufzeichnungen unter dem Titel „Winter in Wien" zum Symbol für den Untergang der k.u.k. Monarchie wird.

The German author Reinhold Schneider lived in Pension Arenberg at Stubenring 2 between November 1957 and March 1958. From his room he saw the former War Ministry and the double-headed eagle across the Ringstrasse. In the now famous diary account of his stay in Vienna 'Winter in Wien', this eagle stands for the fall of the Austrian Monarchy.

EIN ADLER
AUF GEHEISS
DES THRONFOLGERS

Gemeinsam mit dem Radetzky-Denkmal ist es vor allem der imposante Doppeladler, der dem Regierungsgebäude seine imperiale Anmutung verleiht. Die so bedrohliche Wirkung der mächtigen Bronzeskulptur auf den deutschen Schriftsteller Reinhold Schneider ist nicht von der Hand zu weisen. Wie einen Raubvogel, der gegen die Völker der Monarchie zieht, hat der Autor die tonnenschwere Skulptur in poetischer Verfremdung wahrgenommen. Ursprünglich war es tatsächlich die Absicht, mit diesem Adler militärische Stärke zu demonstrieren. Denn am Anfang stand bewusster politischer Wille, und es war der ausdrückliche Wunsch von Thronfolger Erzherzog Franz Ferdinand, den beeindruckenden Bronzeadler als ein Symbol der bewaffneten Macht der Donaumonarchie nachträglich am Gebäude anzubringen. Kampfbereit und zum Abflug bereit, thront der Doppeladler bis heute in der Mitte der Attika des Regierungsgebäudes. Seine bei-

AN EAGLE AT THE BEHEST
OF THE HEIR PRESUMPTIVE
TO THE THRONE

Together with the Radetzky Monument, the imposing double-headed eagle lends an imperial flair to this Government Building. The threatening effect this giant bronze sculpture must have had on the German writer Reinhold Schneider cannot be denied. The author used poetic alienation to describe the massive sculpture as a bird of prey at war with the peoples of the monarchy. In fact, the eagle was originally intended to demonstrate military might. It was the deliberate political will as well as the express desire of Archduke Francis Ferdinand, the heir presumptive, to have the intimidating bronze eagle retrofitted to the building as a symbol of the Danube Monarchy's armed might. Ready to take off for fight, the double-headed eagle still crowns the centre of the roof pediment. One head is looking to the left, the other to the right, while its wings are spread. Its three-clawed feet stand on drapery covering the cornice.

———

den Köpfe blicken nach links und nach rechts, die Flügel sind weit gespannt. Mit dreikralligen Füßen steht er auf einem Faltenwurf, der über das Gesims drapiert ist.

EIN ADLER NIMMT GESTALT AN

Im Österreichischen Staatsarchiv (Kriegsarchiv) gefundene Fotografien zeigen den provisorischen Zusammenbau der Gußteile des Adlers und der Innenkonstruktion. Als Herstellungsort wird das Wiener Arsenal genannt. Was als Gesamtkunstwerk am Gebäude so beeindruckt, verdankt sich künstlerischen Könnens, aber auch soliden Handwerks im Hintergrund. Das Innengerüst ist eine Fachwerkkonstruktion aus Stahl nach Entwürfen von Wilhelm Hejda. Ganze 4.000 Schrauben wurden für die Stoßverbindungen aufgewendet! Trotz der plastisch so beeindruckenden Anmutung der Flugbereitschaft besitzt der Adler entsprechende Bodenhaftung. So ist das Stützgerüst einerseits in den Köpfen des Adlers verschraubt, andererseits im Fundament der Attika und auch im Mauerwerk der Dachschräge montiert. Der Doppeladler ist nach oben hin mit Kupferblech, das auf eine Holzverschalung aufgebracht ist, abgedeckt. In der Mitte des Adlers führt eine Regenrinne durch den Adlerkörper, das Wasser wird im Attikabereich abgeführt.

THE EAGLE TAKES SHAPE

Photographs discovered in the Austrian State Archives (War Archives) show the provisionally assembled cast parts of the eagle and its internal armature. The caption says that they were made at the Vienna Arsenal / Armoury. A Gesamtkunstwerk, this artistic creation at the top of the building owes its impressive effect to supreme artistry as well as solid craftsmanship. Inside, the sculpture is supported by a steel-truss structure based on designs by Wilhelm Hejda. A total of 4,000 bolts were used for the joints! Although the eagle appears to be ready for take-off, it has not lost its grip on the ground. The support frame is bolted inside the eagle's heads, and it is attached both to the base of the pediment and inside the masonry of the roof. The double-headed eagle's top part is covered in copper sheeting mounted onto wooden boarding. A gutter runs through the centre of the eagle's body, with rainwater being drained in the area of the roof pediment.

THE EAGLE IS RESTORED

Although no proof is available, it is nevertheless still occasionally maintained that there were crowns on each of the eagle's two heads, and that these crowns were removed after the collapse of the Monarchy in 1918. Otherwise, the

Die beeindruckenden Proportionen der Adler-Skulptur zeigt diese Fotografie mit Menschen. Der provisorische Zusammenbau der Adler-Skulptur, der vermutlich im Wiener Arsenal vor sich ging.

This photograph of persons standing next to the provisionally assembled sculpture of the eagle illustrates its impressive proportions.
Probable location: the Vienna Arsenal / Armoury

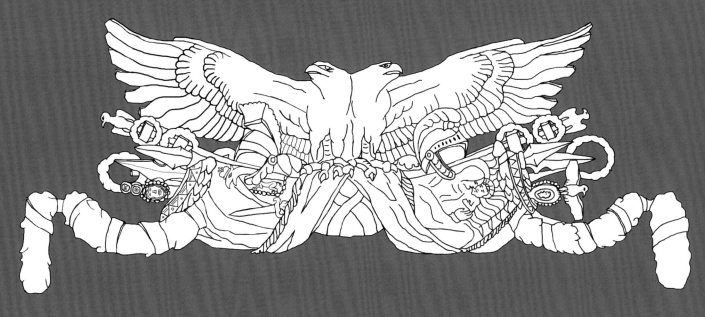

DIE SKULPTUR

Die ausgebreiteten Flügel des Bronzeadlers umfassen eine Gesamtlänge von 15 Metern und an die vierzig Tonnen wiegt die gesamte Skulptur. Seine bedrohliche Anmutung erhält der Adler einerseits durch die Kriegsattribute wie Lanzenspitzen, Lorbeerkränze und Kriegshelme, vor allem aber durch seine nach vorne gerichtete und die Ringstraße unter ihm beherrschende Haltung. Der bedeutende Bildhauer Wilhelm Hejda (1868–1942) hat das Gebilde geschaffen. Hejda hat im öffentlichen Raum Wiens zahlreiche dekorative Skulpturen hinterlassen. Hejda entwarf sowohl das Modell für den Doppeladler, als auch das Eisenmodell für die Konstruktion und Verhängung der großen Plastik. Die Gießerei A.J. Selzer hat im Jahr 1912 sowohl den Adler als auch die ihn begleitenden Puttigruppen gegossen. Die Putti aus der Hand des bedeutenden Bildhauers Emanuel Pendl (1845–1927) bedeuten einen Rückgriff auf den Kunstgeschmack des 18. Jahrhunderts. Untersetzt und kindlich halten und tragen sie Kriegsattribute wie Schwerter und Helme mit Federbusch.

THE SCULPTURE

The outstretched wings of the bronze eagle measure 15 metres in total length, while the entire sculpture weighs almost forty metric tons. The eagle's threatening presence is due to the attributes of war, such as lance heads, laurel wreaths and warrior helmets, but primarily to its forward posture dominating the Ringstrasse beneath it. The bird was created by the great sculptor Wilhelm Hejda (1868–1942). Hejda left a number of decorative sculptures in the public spaces of Vienna. He designed both the model for the double-headed eagle and the iron model for the internal structure and for securing the huge sculpture. In 1912 the A.J. Selzer Foundry cast the eagle and the accompanying groups of putti. Created by the famous sculptor Emanuel Pendl (1845–1927), the putti represent a return to the artistic tastes of the 18th century. These chubby child-like figures are holding and carrying the attributes of war, e.g.: swords and plumed helmets.

DIE SYMBOLIK

Der mächtige zweiköpfige Bronzeadler am Stubenring steht in einer langen symbolischen und heraldischen Tradition. Flugwesen sind schon seit Jahrtausenden für die Menschen Wesen mit überirdischen Fähigkeiten. Als Schutzwesen und zugleich Herrschaftssymbol finden wir den Adler in vielen Kulturen, seinen Rang als Wappentier teilt der Adler sich nur mit dem Löwen. Sein scharfer Blick sowie Kraft und Ausdauer prädestinieren ihn zum Symbol des Siegens und Beherrschens. Der doppelköpfige Wappenvogel geht auf byzantinische Vorbilder zurück. Heute ist es vor allem der als genuin „habsburgisch" empfundene Doppeladler, der sich – in den Worten des Autors Peter Diem – als „Ursymbol" der österreichisch-ungarischen Monarchie in das kulturelle Gedächtnis der Österreicher eingebrannt hat.

SYMBOLISM

The mighty double-headed bronze eagle on Stubenring is part of long a tradition of symbols and heraldic elements. For millennia, humans have perceived winged beings to be creatures with supernatural abilities. Both a protector and a symbol of power, the eagle is found in the heraldry of many civilisations. It is as coveted an heraldic animal as the lion. Its sharp eye, strength and stamina make it an ideal symbol of victory and supremacy. The double-headed heraldic bird dates back to the Byzantine Empire. Nowadays the 'genuine' double-headed eagle is mainly thought to be the 'Habsburg' eagle, which – according to the author Peter Diem – is an indelible reminder of the archetypal symbol of the Austro-Hungarian Monarchy in the cultural memory of Austria.

EIN ADLER
WIRD RESTAURIERT

Es hält sich die Fama, dem Bronzeadler seien nach 1918 zwei Kronen von den Köpfen entfernt worden, was sich allerdings nicht belegen lässt. Der Rest der Skulptur blieb unangetastet, fortan nur mehr den klimatischen Härten ausgeliefert, die mit seiner exponierten Stellung am Gebäude einhergehen. Wind, Hitze, Kälte, Feuchtigkeit und Frost zehrten an seiner Substanz. Das um so mehr, als durch die Zerstörungen des Zweiten Weltkrieges am Gebäude auch der Adler in Mitleidenschaft gezogen wird. Die zahlreichen Ein- und Ausschusslöcher werden nach dem Zweiten Weltkrieg nur notdürftig saniert.

Ende der 1990er Jahre war die Zeit gekommen, den symbolträchtigen Adler umfassend zu restaurieren. Das in die Jahre gekommene Kulturdenkmal war ordentlich verwittert. Zwar stand die Tragsicherheit nie in Frage, dafür sorgten regelmäßige Inspektionen und statische Gutachten. Aber die unschönen Korrosionsschäden an der Oberfläche störten den Gesamteindruck. Der stolze Adler zeigte Blessuren und das typische grün-schwarze Erscheinungsbild von Großbronzen im städtischen Bereich. Ursprünglich wirkte der Vogel metallen, inzwischen aber war die schwarze Oberfläche stumpf geworden, durchbrochen von grünlich korrodierten Flecken. Rinnspuren und festhaftende Schmutzablagerungen taten ein Übriges.

sculpture remained intact, though it gradually began to decay under harsh weather conditions due to its exposed position on the building. Wind, heat, cold, moisture and frost took their toll, all the more so as damage to the building sustained during World War II affected the eagle as well. The numerous bullet holes were patched up temporarily only after the end of the war.

In the late 1990s the time had come for the symbol-laden eagle to be extensively restored. The weather-beaten cultural monument looked its age. It was not a question of load-bearing in safety-critical areas. Regular inspections and static analyses saw to that. Rather, it was a question of appearance: unsightly corrosion damage to the surface disturbed the overall impression. The proud eagle looked ravaged and showed the typical green-black discolouration of large bronze sculptures in urban areas. The original bird had had a metal sheen, while in the course of time its black surface had become dull and spotted with greenish patches of corrosion. Run-marks and encrusted dirt added to this plight.

ENTERING
THE NEW MILLENNIUM
WITH A SHINE

In time for the turn of the millennium, the eagle was restored to its original colour and returned to its vantage point on top of the building. Major conservation efforts were needed in 1999/2000 to

STRAHLEND
INS NEUE JAHRTAUSEND

Rechtzeitig zum Milleniumswechsel thront der Adler wieder in der Originalfarbe an der Spitze des Gebäudes. Ein Kraftakt der Restauratoren war in den Jahren 1999 bis 2000 notwendig, um die Skulptur wieder instandzusetzen. Putz- und Fassadenfarbspritzer werden abgenommen, 3.000 der insgesamt 4.000 Schrauben ausgetauscht und das Stützgerüst saniert. Besonderes Augenmerk verlangen die Kriegsschäden aus dem Zweiten Weltkrieg, die Nachkriegssanierung muss nachgebessert werden. Einschusslöcher am Helm der Putti, die Korrosionsöffnungen zahlreicher Granatausschusslöcher im Bereich des Faltenwurfs und der vorhandenen Granatsplitter in der gesamten Bronzeoberfläche werden gereinigt und behandelt. Die morsch gewordenen Bereiche der Holzkonstruktion an den Flügelspitzen sind auszutauschen und ein Spengler nimmt die teilweise Neuverblechung des Adlers vor. Der technischen Sanierung folgen die Reinigung mit Dampfstrahler sowie die Patinierung der Neuverblechung.

Mit frisch gewachster Außenhaut entsteigt der Bronzeadler schließlich seinem Jungbrunnen. Der Bestand eines bedeutenden Kulturdenkmals der Ringstraße ist wieder für Jahrzehnte gesichert.

make this possible. Conservation experts removed splashes of plaster and paint, replaced 3,000 of the 4,000 bolts and repaired the support frame. Special attention had to be paid to war damage and the makeshift repair efforts soon after World War II, which required remedial action. Bullet holes in the putti helmets, numerous corroding shell holes in the drapery and pieces of shrapnel on the entire bronze surface were cleaned and treated. The decaying parts of the wooden structure at the tip of the wings had to be replaced, while a panel beater renewed parts of the eagle's metal sheeting. Once these technical repairs were completed, the bird was steam-cleaned followed by patination of its new sheeting.

Clad in a freshly waxed outer skin, the bronze eagle finally emerged from its fountain of youth. The fabric of an important cultural monument on Ringstrasse is now preserved for decades to come.

Zwischen den herabhängenden Lorbeergirlanden, lesen wir eine aus vergoldeten 71 Buchstaben bestehende Inschrift: SUMMIS IMPERATORIS ET REGIS FRANCISCI JOSEPHI I. AUSPICIIS ANNO MCMXII AEDIFICATUM – Unter der Regentschaft des Allerhöchsten Kaisers und Königs Franz Joseph I. erbaut im Jahre 1912. Im Zuge der Restaurierung ab dem Jahr 1999 kommt es zur Demontage der Schrift, Haarrisse und Brüche werden mit Zinkblech hinterlegt, Putz- und Farbspritzer entfernt. Bald erstrahlen die Buchstaben wieder in Gold, denn sie werden sorgfältig gereinigt, durchgeschliffen und grundiert, am Ende dann mit 23-Karat-Doppelgold belegt.

In between the hanging laurel garlands, an inscription of 71 gilt letters reads: SUMMIS IMPERATORIS ET REGIS FRANCISCI JOSEPHI I. AUSPICIIS ANNO MCMXII AEDIFICATUM – Built under the rule of Supreme Emperor and King Francis Joseph I in 1912. During restoration in 1999, the lettering was removed, hairline cracks and fractures were backed by zinc sheeting, splashes of plaster and paint were removed. Soon the letters reacquired their golden sheen after having been carefully cleaned, ground, primed and finally gilt in 23-carat double gold leaf.

SANIEREN
FÜR DAS 21. JAHRHUNDERT

PRESERVATION FOR THE
21ST CENTURY

Es hat Tradition, dass Konterfeis aus dem Amt geschiedener Personen an Fassaden in Stein verewigt werden. So auch auf dem großen Areal der Wiener Hofburg, dem Sitz der Burghauptmannschaft. Wie Ludwig Baumann (Bild links), der Architekt des k.u.k. Kriegsministeriums am Stubenring und Burghauptmann von 1922–1924 und auch Wolfgang Beer (Bilder rechts), der Anfang 2011 von Reinhold Sahl im Amt abgelöst worden ist.

Tradition hat einen hohen Stellenwert in einer Institution, die auf eine derart lange Geschichte blickt. So fand der erste Burggraf der Wiener Hofburg 1434 urkundliche Erwähnung, die Bezeichnung Burghauptmann wird zum ersten Mal 1443 verwendet. Seither haben viele Nachfolger dieses Amt ausgeübt, die Liste der Namen ist lang und zählt insgesamt 59, allesamt Männer bis auf eine Frau. „Burggraf" oder „Burghauptmann" hieß der Kommandant der kaiserlichen Burg. Oft war der Burghauptmann auch Richter und Verwalter des ihm unterstellten Reichsguts. Später gehörte zu den Aufgaben des Burghauptmanns auch die Verwaltung der Mobilien, das Quartierwesen, der Sicherheits- und Reinigungsdienst.

Vienna has a long tradition of decorating the façades of public buildings with stone sculptures portraying senior civil servants. The large area of the Vienna Hofburg, headquarters of the Burghauptmannschaft ('Office of the Castellan'), is a case in point. It is adorned with the sculpted heads of – among others – Ludwig Baumann (pictured on the left), the architect of the Imperial and Royal War Ministry on Stubenring and Castellan from 1922 to 1924, and Wolfgang Beer (pictured on the right), the long-term Castellan who retired in January 2011 and was succeeded by Reinhold Sahl.

Tradition is of major significance in an institution which looks back on such a long history. The first Burggraf, or burgrave, of the Vienna Hofburg was mentioned in a document of 1434, the designation Burghauptmann, or castellan, was used in 1443 for the first time. This first castellan marked the beginning of a long list of public officials serving in this position, 59 in all. With the exception of one woman, all holders of this office were men. The title 'burgrave' or 'castellan' was awarded to the commander of imperial castles or palaces. In many instances, the castellan was also the magistrate and

Im Zuge einer einer grundlegenden Neustrukturierung des Bundeshochbaus im Jahr 2000 wurden alle zivilen bundeseigenen Liegenschaften in das Eigentum der Bundesimmobiliengesellschaft BIG übertragen. Nicht übertragen wurden rund 66 bedeutende und einzigartige historische Bauwerke, die zum kulturellen Erbe Österreichs zählen beziehungsweise bei denen eine besondere Verbundenheit zur Republik Österreich gegeben ist, wie die Hofburg in Wien, die Hofburg zu Innsbruck, die Festung Hohensalzburg, die Bundesmuseen, die Staatsoper, der Schönbrunner Tiergarten und eben das Regierungsgebäude am Stubenring. In die Verantwortung der Burghauptmannschaft Österreich fallen so rund 977.000 Quadratmeter Nettogrundrissfläche.

Durch diese Umstrukturierung wurde die Anzahl der zu betreuenden Objekte sowie der Aufgabenumfang der bisherigen nachgeordneten Dienststelle Burghauptmannschaft in Wien erweitert und diese in Burghauptmannschaft Österreich (BHÖ) umbenannt. Ihr obliegt, sehr vereinfacht ausgedrückt, die Immobilienverwaltung und Baubetreuung aller in den Ressortbereich

administrator of the imperial estate in his charge. In later periods his tasks included the management of movable property, accommodation, safety and cleaning services as well.

In the course of a fundamental reorganisation of the management of federal buildings in 2000, all civil properties in the possession of the federal government were transferred into the ownership of a private limited company (Bundesimmobiliengesellschaft BIG). However, legal ownership of 66 important and unique historic buildings, which are part of Austria's cultural heritage and/or are closely related to the history of the Republic of Austria, has not been transferred. They include: the Hofburg in Vienna, the Hofburg in Innsbruck, the Hohensalzburg Fortress in Salzburg, the federal museums, the Vienna State Opera, the Vienna Zoo in Schönbrunn, as well as the Government Building on Stubenring. This signifies that Austria's Burghauptmannschaft has become responsible for roughly 977,000 square metres of net plan area.

Owing to this reorganisation, the number of sites managed by the Burghauptmannschaft and the scope of its functions have far outgrown its previous subordinate status as a local office in

Links:
Umbauarbeiten Hof 9
(Deckenkonstruktion)
Rechts:
Ausbesserung des
Daches über Hof 8

L: structural conversion
in Courtyard 9 (ceiling
construction)
R: the repair of the roof
above Courtyard 8

Links:
Vorbereitung des
Einhubs des Liftes für
Hof 9
Rechts:
ehem. Burghauptmann
HR Beer im Gespräch

L: preparations for
installing the lift in
Courtyard 9
R: the former Castellan,
Mr. Beer, during an
interview

Links:
Umbauarbeiten Keller
unter Hof 1
Rechts:
Schutzüberdachung
Hof 1, Anbringung der
Entwässerungsschächte

L: structural conversion
in the basement under
Courtyard 1
R: protective roofing over
Courtyard 1, installation
of drainage openings

des Bundesministeriums für Wirtschaft, Familie und Jugend gehörenden bundeseigenen zivilen Liegenschaften und Gebäude in ganz Österreich.

ZWEI FAHNEN AUF DEM DACH

15 Jahre lang war Wolfgang Beer als Burghauptmann Herr über die historischen Immobilien der Republik Österreich. Seit Jänner 2011 ist sein Nachfolger Reinhold Sahl als Burghauptmann im Amt und Beer selbst – wie er schmunzelnd sagt – „Burghauptmann in Ruhe". Das Regierungsgebäude am Stubenring ist eine von eben jenen 66 der Burghauptmannschaft unterstehenden Anlagen. Warum Wolfgang Beer dieses Gebäude besonders gut kennt, dazu mehr im folgenden Gespräch.

Was ist Ihre besondere Beziehung zum Haus am Stubenring?

Ich habe vier Jahre lang am Stubenring 1 gearbeitet und mein Büro dort gehabt. Ich war von 1991 bis 1995 für den staatlichen Hochbau inklusive der militärischen Bauten zuständig. Nach diesem Intermezzo im Wirtschaftsministerium bin ich aber wieder in die Burghauptmannschaft gewechselt, wo ich 1978 begonnen habe.

Welchen Eindruck haben Sie damals von diesem Haus gewonnen?

Mir ist sofort die große Flexibilität aufgefallen, die dieses Gebäude mitbringt. Wenn man bedenkt, dass es vor 100 Jahren erbaut wurde und noch heute ein höchst funktionales Bürogebäude

Vienna. This is also reflected in its new name: Burghauptmannschaft Österreich (BHÖ), i.e. 'Office of the Castellan, Austria'. Put simply, this new office is responsible for managing and maintaining, throughout Austria, the civil land and buildings owned by the state and under the authority of the Ministry of Economy.

TWO FLAGS ON ONE ROOF

For 15 years Wolfgang Beer was the Castellan and thus the Manager of the historic estates of the Republic of Austria. Since January 2011 his successor Reinhold Sahl has assumed these responsibilities, while Beer has become the 'retired castellan', as he smilingly calls himself. The Government Building on Stubenring is one of the 66 properties managed by the Burghauptmannschaft. The interview below will provide the reasons why Wolfgang Beer is particularly knowledgeable regarding this building.

What is your special relationship to the building on Stubenring?

For four years both my place of work and my office were located at the Government Building, Stubenring 1. Between 1991 and 1995 I was assigned to the ministry, where I was responsible for building construction by the government, including military buildings. After this relatively brief period of service there, however, I returned to the Burghauptmannschaft, which I had joined in 1978.

What was your impression of this building?

Blick in die Stiege 5

*Looking into
Staircase 5*

ist, so spricht das für den Ursprungsplan aber auch für die laufende Instandhaltung. Bemerkenswert ist auch, dass das Haus sehr hierarchisch konzipiert ist. Der 1. Stock ist repräsentativ mit hohen Räumen, hier liegen die Ministerbüros. In den Stockwerken darüber sind die Räume niedriger, die Büros kleiner. Aus heutiger Sicht vielleicht unökonomisch ist das Verhältnis der Gangfläche zu jener der Büroräumlichkeiten.

Neue Gesetze bringen auch neue Herausforderungen im Umgang mit den historischen Immobilien. Woran erinnern Sie sich?

Da fällt mir spontan eine Episode ein. Auf dem Dach hinter dem Doppeladler wird seit jeher die österreichische Fahne gehisst. Mit dem Beitritt zur Europäischen Union mussten wir nun auch die EU-Fahne anbringen. Es bedurfte einiger Diskussionen, bis klar war, welchen Platz die neue Fahne bekommen soll. Aber natürlich sind auch andere Gesetzesänderungen relevant. So hat etwa die Verpflichtung zur Barrierefreiheit in Gebäuden den Lifteinbau im Innenhof des Regierungsgebäudes notwendig gemacht.

Der Denkmalschutz ist ein Thema bei der Arbeit an und mit historischen Gemäuern?

Oft war es eine Gratwanderung zwischen den Forderungen des Denkmalschutzes und den technischen und finanziellen Rahmenbedingungen, immer aber waren wir im Diskurs und im gutem Einvernehmen. Die neuen Tech-

Luster im Marmorsaal
von unten

*View of chandelier in
the Marble Hall,
taken from below*

I immediately realised the great flexibility of its design. If you consider that it was built 100 years ago and still is a highly functional office building, this speaks for the original design as well as for the quality of ongoing maintenance. Another salient feature is the hierarchical pattern of the building. The first floor with its high-ceilinged rooms is used for official functions and also accommodates the ministers' offices. The rooms and offices in the upper floors are lower and smaller. Perhaps the ratio of corridor surfaces to office surfaces may seem economically inefficient from today's point of view.

New legislation involves new challenges in dealing with historic property. What do you remember in this context?

One episode immediately comes to my mind. The Austrian flag has always been raised on the roof right behind the double-headed eagle. With Austria's accession to the European Union we were called on to hoist the EU flag as well, and it took a number of discussions until the decision was reached regarding exactly where the new flag was to be positioned. But of course other amendments to legislation are of relevance as well. For instance, the obligation to make public buildings accessible to all required the installation of a lift in the courtyard of the Government Building.

Is monument preservation an issue when working on and with historic property?

This issue is rather like walking a tightrope between the requirements of monument preservation and the technological

Etappen der Arbeiten
zur Verlängerung des
Stiegenhauses der
Stiege 6

*Phases of work
on the extension of
the stairwell of
Staircase 6*

nologien am Bau haben uns in den vergangenen Jahren auch wieder neue Möglichkeiten geschaffen, den Forderungen des Denkmalschutzes noch mehr gerecht zu werden.

HERAUSGEPUTZT

Mitte der 1990er Jahre beginnt eine lange Phase der behutsamen Erneuerung im Regierungsgebäude. Dem Umbau der Säle im ersten Stock folgt in den Jahren 1998 bis 2001 die Sanierung der Fassade zum Stubenring hin und auch der restlichen Fassadenflächen. Im Dachgeschoss wird ein modernes Pressezentrum installiert. Große Adaptierungen erfolgen auch in den darauf folgenden Jahren. Der Zubau eines Glasaufzugs im Hof 1 bringt eine willkommene Vergrößerung des Foyers vor dem Marmorsaal im 1. Stock. Die Stiegen werden saniert, eine Speisesaalüberdachung im Hof 6 errichtet, die EDV erneuert und vieles mehr. Der letzte Paternoster-Aufzug, ein nostalgisches Relikt aus der Kaiserzeit, wird aus Sicherheitsgründen bei Stiege 3 abgebaut. Aus Überlegungen der Sicherheit präsentiert sich auch der Eingangsbereich nun neu. Bei aller notwendigen Erneuerung wird die Revitalisierung aber auch künftig immer mit dem Anspruch geschehen, historisch gewachsene Bausubstanz mit den Anforderungen moderner Nutzung bestmöglich in Einklang zu bringen.

and financial framework, but we always succeeded in having good discussions and reaching an agreement. The new technologies available in the field of building construction today have opened up new possibilities to better meet the special needs of our listed monuments.

SMARTENED UP

In the mid-1990s, a long phase of cautious renewal work began on the Government Building. Conversion of the great halls in the first floor was followed by renovation of the exterior (1998–2001), including the façade on the Stubenring as well as all other façades. A modern press centre was incorporated into the top floor. Large-scale adaptations were made in the following years. The addition of a glass lift in Courtyard 1 has resulted in a much-needed enlargement of the foyer in front of the Marble Hall in the first upper floor. Other work included the renovation of staircases, a new roof for the dining hall in Courtyard 6, renewal of the IT system, etc. And finally, a nostalgic relic of Austria's imperial past, the last paternoster lift of the building had to be dismantled from its location near Staircase 3 for safety reasons. The entrance lobby, too, has been completely renovated in order to meet safety standards. All necessary renewal and revitalisation will continue to be carried out with a view to striking an optimal balance between the building's historical development and the demands of present-day use.

Hof 1

Courtyard 1

EIN GEBÄUDE
DER SUPERLATIVE

Besprechungszimmer: 36 (ohne Festsäle)

Bibliotheksräume: 20

Fenster: 2.703

Festsäle: 6 (inkl. Marmorsaal im 1. Stock:
dieser breitet sich über 2 Etagen aus,
ovale Oberlichten befinden sich im 2. Stock)

Fläche – Büroraumfläche: 30.423 m²

Fläche – Nettogrundfläche: 76.356,37 m²

Ganglänge im 2. Stock: 767 m

Ganglängen vom Keller bis 7. Stock: 7.047 m

Gebäudehöhe: 32 m bis zur Hauptfassade

Gebäudehöhe: 44 m (inklusive Adler)

Grundstücksfläche: 13.835 m²

Höfe: 9

Kellerräume (Lager oder Ähnliches): 318
(Gesamt-Raumanzahl in UG01+UG02 verschiedener
Nutzungsarten; Serverraum-Umbau berücksichtigt)

Lifte: 13
(davon gab es 4 Paternoster,
der letzte wurde 2010 abgebaut)

Ministerbüros: 4

Raumanzahl – Büros: 1.297

Raumanzahl – gesamt: 3.146 (inkl. Gänge)

Raumanzahl – ohne Verkehrswege: 2.301

Sanitäre Räumlichkeiten: 178

Sonstige Räumlichkeiten (Lager und Archive): 187
(ohne UG01+UG02)

Stiegen: 7

Stockwerke: 12
(UG01, UG02, TP, HP, MZ, OG 01-07)

Tore: 5 (inkl. 1 Notausgang)

Türen: 2.348

A BUILDING
FULL OF SUPERLATIVES

Meeting rooms: *36 (excluding ceremonial halls)*

Library rooms: *20*

Windows: *2,703*

Ceremonial halls: *6 (including the Marble Hall in the first upper floor, which extends the height of two storeys, with oval fanlights situated in second upper floor)*

Surface area – office space: *30,423m²*

Surface area – net plan area: *76,356.37m²*

Length of 2ⁿᵈ floor corridors: *767m*

Length of corridors from basement to 7ᵗʰ floor: *7,047m*

Height of building *(main façade to roof): 32m*

Height of building *(including sculpture of eagle at top): 44m*

Surface area of plot: *13,835m²*

Courtyards: *9*

Spaces in the basement *(storage rooms and the like): 318 (i.e. total number of spaces in basement storeys 01 and 02 used for various purposes, including the converted server room)*

Lifts: *13 (whereof four were originally paternosters, the last of which was dismantled in 2010)*

Offices of government ministers: *4*

Number of office rooms: *1,297*

Total number of enclosed spaces, *including corridors: 3,146*

Number of enclosed spaces *(excluding circulation and communication spaces): 2,301*

Sanitary facilities: *178*

Other spaces *(storage rooms and archives): 187 (excluding basement storeys 01 and 02)*

Staircases: *7*

Storeys: *12 (basement storeys 01-02, semi-basement, elevated ground floor, mezzanine, upper storeys 01-07)*

Entrance gates: *5 (including one emergency exit)*

Doors: *2,348*

IMPRESSUM / *IMPRINT*

Herausgeber / *Editor:*
Burghauptmannschaft Österreich (BHÖ),
Burghauptmann / *Castellan* Reinhold Sahl,
Hofburg, Schweizerhof, 1010 Wien, www.burghauptmannschaft.at

Historische Recherche, Konzept, Interviews, Text und Bildredaktion /
Historical Research, Concept, Interviews, Text and Picture Editing:
Verena Hahn-Oberthaler, Gerhard Obermüller,
rubicom, Agentur für Unternehmensgeschichte,
Palais Bismarck, Bismarckstraße 9, Linz (Austria), www.rubicom.at

Briefing, Projektmanagement und Recherche-Unterstützung /
B*riefing, Project Management and Research Support:*
Peter Eckhardt, Wolfgang Pfeffer (beide BHÖ / *of the BHÖ*),
Wolfgang Beer
Wolfgang Schneider, Alexandra Perl, Thomas Ninführ; Ilsebill Barta,
Stefanie Grüssl, Günter Waldmann (Dienstzeugnis Irene König /
Certificate for Service of Irene König)
(alle BMWFJ, Bundesministerium für Wirtschaft, Familie und Jugend /
of the Federal Ministry of Economy, Family and Youth - BMWFJ,
Stubenring 1, 1011 Wien, www.bmwfj.gv.at)

Bernhard Kern, Markus Rief (beide BMLFUW / *of the Federal Ministry of*
Agriculture, Forestry, Environment and Water Management –
BMLFUW)
Gisela Kirchler-Lidy (BMASK / *of the Federal Ministry of Labour,*
Social Affairs and Consumer Protection – BMASK)
Sladana Ivic, Christine Rose (BMVIT / *of the Federal Ministry for*
Transport, Innovation and Technology – BMVIT)

Foto-Dokumentation „Regierungsgebäude" /
Photo Documentation of the Government Building:
Besonderer Dank gilt Stefanie Grüssl für ihre umfangreiche fotografi-
sche Dokumentation des Hauses sowie für wertvolle Hinweise in der
Recherche / *Special thanks go to Stefanie Grüssl for her extensive photo*
documentation of the building as well as for valuable research information.

Transkriptionen / *Transcriptions:*
Dieter Böhm, Christine Schott (beide BMWFJ / *of the BMWFJ*)

Für ausführliche Interviews zur jüngeren Geschichte des Hauses
danken wir / *We thank the following persons for extensive interviews*
on the recent history of the building:
Burghauptmann / *Castellan* Reinhold Sahl, Wolfgang Beer,
Peter Eckhardt

Betreuung bei Dokumentationen / *Assistance to Documentation:*
Laza Ban, Ludmila Mozeleva, Daniel Rohringer (alle Firma Helwacht / *of*
Messrs. Helwacht)
Josef Renner (BHÖ) und Mitarbeiter der Baufirma Mörtinger / *and*
Employees of the Mörtinger construction company

Materialbestimmung / *Identification of Material:*
Johannes Weber (Universität für angewandte Kunst, Wien / *Professor at*
the University of Applied Arts Vienna)
Gottfried Sara (Steinmetz G. Hummel / *Hummel stone dressers*)

Übersetzung ins Englische / *English Translation:*
Eva Holzmair-Ronge

Gestaltung / *Layout:* Wilfried Winkler, www.neusehland.at

Druck / *Printed by*
Gutenberg-Werbering Ges.m.b.H., Linz, www.gutenberg.at

Herzlicher Dank gilt folgenden Menschen, die durch Fotos, Doku-
mente, weiterführenden Recherche-Hinweisen und Unterstützung
jedweder Art zum Gelingen dieses Buches beigetragen haben /
Cordial thanks go to the following persons, who all helped with their
photos, documents, in-depth research and other assistance to make
this important effort of compiling the book possible:

Martin Janda, Walter Fuchs, Wolfgang Bont, Brigitta Kohlert-Windisch,
Gudrun Henn, Ernst Hiller, Wolfgang Jobst, Paul Hauke, Franz Kalten-
bacher, Gerhard Polasek (alle BMWFJ / *of the BMWFJ*)

Irmgard Eisenhofer (geb. Ceipek, Enkelin von Bauleiter Josef von Ceipek
/ *née Ceipek, granddaughter of Site Manager Josef von Ceipek*)

Walter Fanta, Musil-Archiv Klagenfurt (Hinweise zu den beruflichen und
werksbiographischen Bezügen zum Kriegsministerium im literari-
schen Schaffen von Robert Musil / *information on references to the*
War Ministry in the professional life and work biography of the author
Robert Musil)
Gabriela Krist (Universität für angewandte Kunst, Wien / *Professor at the*
University of Applied Arts Vienna)
Manfred Trummer (Restaurator im MAK / *restorer of the MAK Museum*)
Michaela Ninführ (Geschichte von Urgroßvater / *story of great grandfather*)
Elisabeth Krebs (Restauratorin des Wappen-Adlers / *restorer of the*
heraldic eagle)
Mathias Lichtenwagner (Hinweise zur NS-Geschichte / *information on*
Nazi history)
Wolfgang Gleissner (BIG)
Robert Dax (Stadt Wien MA31 – Wiener Wasser / *City of Vienna, Muni-*
cipal Department 31 – Vienna Water)
Marianne Taferner (MA 7 – Denkmäler und Freiplastiken / *Municipal*
Department 7 – Monuments and Outdoor Sculptures)
Oswald Horak (ehem. Mitarbeiter des Wirtschaftsministeriums / *former*
employee of the BMWFJ)

Bildnachweise / *Photo Credits:*
Bildarchiv Austria (Nationalbibliothek) / *Picture Archives (Austrian*
National Library): S. / *pp.* 15, 19, 22, 44, 50, 53, 54, 57, 58–59, 69, 85
Stefanie Grüssl (BMWFJ), Cover, Seiten / *cover, pp.*: 1, 2, 6, 8+9, 11,
47+61 (Dokumente / *documents*), 62+63, 64, 69 oben / *top*, 70+71,
73, 74, 78, 82, 89, 91, 92, 94, 96, 98+99
Hartl, Andreas: Urkunde, S. 34 sowie Schutzumschlag Rückseite /
document p. 34 as well as rear of dust jacket
Heeresgeschichtliches Museum / *Museum of Military History:* S. / *p.* 77
Industriefotograph Meyer / *Studio Meyer, industrial photography:*
S. / *pp.* 48–49
Janits, Christian: S. / *p.* 4
Krebs, Elisabeth: S. / *p.* 86
Linke, Terry: (Wiener Philharmoniker / *Vienna Philharmonic Orchestra*):
S. / *p.* 80
Ninführ, Thomas/Ninführ, Michaela: S. / *p.* 47
OÖ. Landesbibliothek / *Upper Austrian State Library:* S. / *p.* 33
Smetana, Thomas: Flappe Schutzumschlag (links) / *cover flap of dust*
jacket (left)
Staatsarchiv (Kriegsarchiv) / *Austrian State Archives (War Archives):*
S. / *pp.* 12–13, 20, 23, 24–25, 26–27, 28–32, 38–43, 79 sowie Schutz-
umschlag Rückseite / *as well as rear of dust jacket*
Votava: S. / *p.* 61
Waldmann, Günter: Dokumente Seite / *documents p.* 46
Wien Museum, S. / *pp.* 16–17

Literatur und Quellen (Auswahl) / *Literature and Sources (selection)*
Nachlass FML Josef Edler von Ceipek, Staatsarchiv (Kriegsarchiv),
GV VII 2078-01 (Kartons 1 -14).
Ceipek, Eugen: Der Wiederaufbau des Regierungsgebäudes in Wien, in:
Der Aufbau, herausgegeben vom Stadtbaumamt Wien, Jahrgang 9
(1954), S. 533–544.
Corino, Karl: Robert Musil. Leben und Werk in Bildern und Texten,
Reinbeck bei Hamburg: Rowohlt 1988.
Baumann, Ludwig: Mein Lebenslauf und meine Tätigkeit, Wien 1931.
Diem, Peter: Die Symbole Österreichs. Zeit und Geschichte in Zeichen,
Wien 1995.
Dmytrasz, Barbara: Die Ringstraße. Eine europäische Bauidee. Wien:
Amalthea Signum: 2008.
Dorfner, Ursula/Herzele, Katrin: Restaurierbericht der Figurengruppen
am Regierungsgebäude 1010 Wien, Stubenring 1, Manuskript (Wien
1999).
Hirschfeld, Gerhard/Krumeich, Gerd/Renz, Irina (Hrsg.): Enzyklopä-
die Erster Weltkrieg, Paderborn, München, Wien, Zürich: Ferdinand
Schöningh 2003.
Kann, Robert A: Geschichte des Habsburgerreichs 1526–1928, (For-
schungen zur Geschichte des Donauraums; Bd. 4) Böhlau: Wien 1990.
Kromus, J: Die Betonkontrolle beim Neubau des k.u.k. Kriegsministeri-
algebäudes in Wien. In: Beton und Eisen. Beton et Fer. Concrete and
Steel. Internationales Organ für Betonbau, X. Jahrgang 1911, Heft 19,
Wilhelm Ernst & Sohn, Verlag für Architektur und technische Wissen-
schaften, Berlin, S. 405–409.
Lichtenwagner, Mathias: Leerstellen. Zur Topografie der Wehrmachts-
justiz in Wien vor und nach 1945, Wien: Mandelbaum 2012.
Wanker, Irina Simone: Ein Haus erzählt Geschichte. Festschrift zum
90-jährigen Bestehen des Regierungsgebäudes am Stubenring 1,
Wien 2004.